희망의 혁명

THE REVOLUTION OF HOPE

THE REVOLUTION OF HOPE

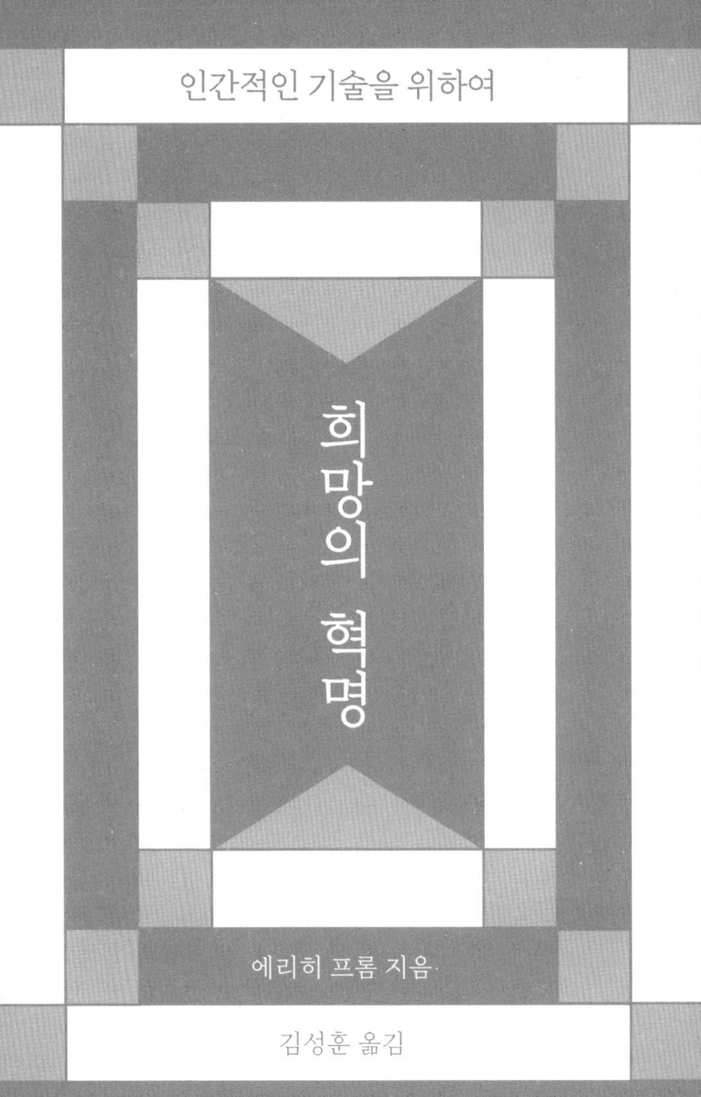

ERICH FROMM

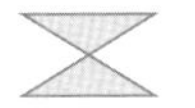

초판 서문

이 책은 1968년에 미국이 처한 상황에 대한 반응으로 쓴 책이다. 이 책은 우리가 지금 교차로에 서 있다는 확신에서 나왔다. 하나의 길은 인간이 핵전쟁으로 파괴되지는 않더라도 기계 속 힘없는 톱니바퀴에 불과한 존재가 되는 완전 기계화 사회로 이어지고, 또 다른 길은 인본주의와 희망의 르네상스, 인간의 행복에 복무하기 위해 기술이 존재하는 사회로 이어진다.

이 책은 우리가 처한 딜레마를 분명하게 인식하지 못한 사람들에게 문제의 본질을 명확하게 보여줄 의도로 썼으며, 행동에 나설 것을 촉구하는 호소문이기도 하다. 이 책은 비합리성과 혐오가 아니라 이성과 생명에 대한 열정적인 사랑의 도움이 있으면 필요한 새로운 해법을 찾을 수 있다는 확신을 바탕으로 썼다. 이 책은 정치적, 종교적 입장은 다르지만 생명에 대한 이런 관심, 이성과 현실에 대한 존중을 공유하는 광범위한 독자들을 위한 것이다.

이 책은 앞서 펴낸 나의 다른 책들과 마찬가지로 개인적 현실과 사회적 현실, **현 상태**의 유지를 지지할 목적으로 소중한 아이디어를 오용하고, '제멋대로 곡해해서 사용하는' 이데올로기를 구분하려 애썼다. 전통적인 사고의 가치를 하찮게 여기는 젊은 세대에게는 가장 급진적인 발전이라도 반드시 과거와 연속성이 있어야 한다는 내 확신을 강조하고 싶다. 인간의 지성이 이룩한 최고의 업적을 내던져버리고서는 앞으로 나아갈 수 없고, 젊음만으로는 부족하다!

이 책은 내가 과거 40년 동안 다양한 작품에서 다룬 주제들을 다루고 있기 때문에 같은 아이디어가 다시 등장할 수밖에 없었다. 이런 아이디어들을 비인간화의 대안이라는 핵심 주제를 중심으로 새로 정리했다. 하지만 기존의 생각을 넘어서는 새로운 아이디어도 많이 들어 있다.

일반 대중을 대상으로 쓴 글이라서 인용은 최소한으로 했지만 이 책을 쓰면서 내 생각에 영향을 미친 저자들은 모두 인용했다. 그리고 원칙적으로 여기서 다룬 내용과 직접 관련 있는 내 책들은 여기서만 언급하고 따로 인용하지 않겠다. 그 책들은 다음과 같다. 《자유로부터의 도피*Escape from Freedom*》(1941), 《자기를 위한 인간*Man for Himself*》(1947), 《건전한 사회*The Sane Society*》(1955), 《인간의 마음*The Heart of Man*》(1964).

이 책에서 취한 일반적 접근 방식은 이 책에서 고려하고 있는 핵심 문제의 특성을 반영한다. 마땅히 그래야 할 부분이지만 때로는 이 방식이 독자들에게 소소한 어려움을 줄 수 있다. 이 연구는 별개로 취급되는 경우가 많은 두 가지 문제 영역을 한곳에 모으는 시도를 한다. 이를테면 인간의 성격 구조, 특징, 잠재력의 문제 그리고 현대 사회의 정치적, 경제적 문제다. 구간별로 강조하는 부분이 달라지기는 하겠지만 전체적으로 보면 이 책의 주요 목표는 이런 논의들을 한데 묶어 통합하는 것이다. 이 작업은 현 미국 사회의 문제에 현실적이고 성공적으로 접근하기 위해서는 사회시스템 전체를 분석할 때 이 책에서 말하는 '인간 시스템the system Man'도 포함해야 한다는 확고한 믿음에서 이루어졌다. 나는 부디 독자들이 모든 것을 구획으로 나누어 생각하는 습관을 극복할 수 있기를 바란다. 그래야 나와 함께 '심리학'에서 '사회학'으로, 다시 '정치학'으로 뛰어넘어가고, 그 반대로 되돌아오는 것이 버겁게 느껴지지 않을 것이다.

루스 난다 안셴Ruth Nanda Anshen, 내 아내, 레이먼드 G. 브라운Raymond G. Brown 등 이 원고를 여러 번 거듭해서 읽고 편집과 관련해서 많은 제안을 해주신 분들께 감사를 표하고 싶다. 이에 더해 레이먼드는 경제학 분야에서 소중한 제안으로도 많은 도움을 주었다. 그리고 특별한 노력을 기울여준 출판사 측에도 감사를 전하고 싶다. 그 덕분에 원고를 전달하고 10주 만에 이 책이 세상에 나올 수 있었다.

에리히 프롬

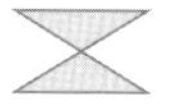

개정판 서문

이 책은 거의 2년 전에 쓴 초판의 개정판이다. 초판은 매카시Eugene Joseph McCarthy의 대통령 후보자 지명을 위한 선거운동 기간에 썼다. 나도 그 선거운동에 적극적으로 참여했고, 매카시가 대통령으로 선출되어 미국의 정책 방향이 바뀔지 모른다는 희망도 없지 않았다. 하지만 그런 일은 일어나지 않았다. 선거에 실패한 이유를 여기서 다루기에는 너무 복잡하다. 그럼에도 기존에는 인지도도 거의 없었고, 전형적인 정치인들과는 너무도 다르며 지나친 감성이나 악선전을 이용해 대중의 마음을 사로잡으려 들지도 않고, 베트남전을 진심으로 반대하는 사람이 급진적인 젊은이, 히피, 지성인부터 상위 중산층 진보주의자에 이르기까지 수많은 국민의 인정을 받고, 더 나아가 열렬한 지지를 받는 데 성공했다는 사실만큼은 그대로 남아 있다. 미국에서 전례가 없었던 움직임이었다. 시와 철학을 사랑하는 이 상원의원이 진지하게 대통령직에 도전할 수 있었다는 것은 기적에 가까운 일이었다. 이러한 반응은 많은 미국인이 인간화humanization에 준비가 되어 있고, 또 그것을 간절히 바라고 있다는 증거였다.

매카시의 패배, 닉슨Richard Milhous Nixon의 승리, 계속 이어지는 베트남전, 미국에서 날로 증가하는 보수 반동적 성향 등은 모두 1968년 여름에 선명하게 드러나고 있던 희망의 정신을 약화했다. 하지만 그 희망이 파괴된 것은 결코 아니다. 워싱턴 D.C.에서 베트남전에 반대하며 50만 명 정도가 시위에 나선 것은 변화에 대한 희망과 의지가 아직 살아 있음을 보여주는 하나의 증상일 뿐이다. 생태적 불균형이 가져온 위협에 대해 많은 부문에서 보여준 반응은 생명에 대한 우려가 미국 대중들 사이에서 여전히 강하게 작동하고 있음을 보여주는 또 다른 신호다.

이 책의 재출간을 위해 본질적인 부분에서 바꿔야 할 것은 없었다. 이 책은 주로 미국의 상황을 염두에 두고 썼지만 미국 사회를 유럽-북미 기술사회가 가지고 있는 병폐의 한 발현에 준해서 다루고 있다. 이들 사회는 모두 기본적으로 동일한 문제에 직면하고 있기 때문이다. 그럼에도 초판을 개정해야 할 필요를 느껴서 잘라낼 부분은 좀 잘라내고 초판에서 너무 급하게 썼던 일부 개념은 더 명확하게 표현하면서 마지막 장의 본문을 개선하고자 했다.

내가 앞서 쓴 책들과 달리 이 책은 새로운 이론적 개념의 발전을 염두에 두기보다는, 내가 이전에 학문적인 접근 방식으로 다루었던 개념들을 재구성해서 아직도 많은 이의 마음속에 존재하는 생명에 대한 사랑, 즉 생명애biophilia에 호소할 목적으로 썼다. 생명이 처한 위험을 온전히 인식할 때 우리는 비로소 이 잠재력을 동원해서 우리의 사회 구조에 과감한 변화를 가져올 행동에 나설 수 있을 것이다. 그렇다고 내가 그 성공 가능성을 낙관적으로 바라본다는 의미는 아니다. 하지만 아무리 미약할망정 생명이 승리를 거둘 가능성이 실제로 존재하기만 한다면 이것은 퍼센트나 확률을 가지고 따질 문제가 아니라 믿는다.

에리히 프롬

차례

누구든 살아 있는 쪽에 끼어 있으면 희망이 있나니

〈전도서〉 9장 4절

일러두기

- 옮긴이의 주석은 옮긴이 주로 표시했고, 그 외의 주석은 원서의 주입니다.

1

교차로

우리 한가운데서 망령이 떠돌고 있다. 그리고 그 망령을 똑똑히 바라보는 사람은 소수에 불과하다. 공산주의나 파시즘 같은 오래된 유령이 아니다. 컴퓨터의 지휘 아래 최대의 물질적 생산과 소비에 온 힘을 쏟아붓는 완전 기계화 사회라는 새로운 망령이다. 그리고 이런 사회적 과정 속에서 인간 자신은 기계의 한 부품으로 전락하고 말았다. 잘 먹고, 즐겁게 대접받지만, 수동적이고, 활기 없고, 감정조차 거의 없는 존재로 말이다. 새로운 사회가 승리를 거두면서 개인주의와 사생활은 사라지게 될 것이다. 타인을 향한 감정은 심리적 조건화나 다른 장치, 혹은 약물을 통해 조작될 것이고, 이것이 또한 새로운 종류의 자기성찰 경험을 제공할 것이다. 즈비그뉴 브레진스키Zbigniew Brzezinski는 이렇게 말했다. "기술정보화 사회technetronic society에서는 매력과 흡인력을 갖춘 개인이 최신의 통신

수단을 효과적으로 사용한다면 쉽게 수많은 사람의 감정을 조작하고, 이성을 통제할 수 있기 때문에 조직화하지 않은 수백만 시민의 개별적 지지가 한데 모이는 방향으로 추세가 흐를 듯하다."+ 조지 오웰George Orwell의 《1984*Nineteen Eighty-Four*》와 올더스 헉슬리Aldous Leonard Huxley의 《멋진 신세계*Brave New World*》 같은 소설에서 이런 새로운 형태의 사회상을 예측한 바 있다.

어쩌면 지금 가장 불길한 것은 우리가 시스템의 통제권을 잃어가고 있는 듯하다는 점이다. 컴퓨터가 계산을 통해 우리를 대신해서 결정을 내리면 우리는 그저 그 결정을 실행에 옮길 뿐이다. 인간으로서 우리의 목적은 더 많이 생산하고, 더 많이 소비하는 것밖에 없다. 우리는 무엇도 하려 하지 않고, 하지 않으려고도 않는다. 우리는 핵무기로 멸종의 위협을 받는 동시에, 책임지고 무언가를 결정하는 위치에서 배제되어 수동적인 존재가 되는 바람에 내면에서부터 서서히 죽어갈 위협도 받고 있다.

어쩌다 이렇게 됐을까? 자연을 두고 승리의 정점에 서 있던 인간이 어쩌다 자기 창조물의 노예가 되어 자신을 스스로 파괴할 심각한 위험에 처하게 됐을까?

과학적 진리를 찾으려는 과정에서 인간은 자연을 지배하는 데 사용

+ 〈기술정보화 사회The Technetronic Society〉, 《인카운터*Encounter*》(XXX권 제1호, 1968년 1월), 19쪽

할 수 있는 지식을 우연히 발견하고 엄청난 성공을 거두었다. 하지만 기술과 물질 소비만 일반적으로 강조하는 과정에서 인간은 자신 및 생명과의 교감을 상실했다. 종교적 신념 그리고 그와 얽힌 인본주의적 가치를 잃어버린 인간은 기술적 가치와 물질적 가치에만 집중해서 깊은 정서적 경험을 하고, 거기에 따라오는 기쁨과 슬픔을 느낄 능력을 상실해버렸다. 인간이 만들어낸 기계가 워낙 막강해지다 보니 기계가 자체적으로 자신의 프로그램을 만들게 됐고, 이제는 기계가 인간의 생각마저 결정하게 됐다.

현재 우리의 시스템에서 가장 심각한 증상 중 하나는 우리의 경제가 무기 생산(거기에 더해서 전체 방위 시설의 유지)과 최대 소비의 원리에 의존하고 있다는 사실이다. 우리의 경제 시스템은 자신을 물리적으로 파괴하겠다고 위협하는 제품을 생산하고, 개개인을 완전히 수동적인 소비자로 전락시켜 소리 없이 죽게 만들고, 개개인이 무력하다고 느끼게 하는 관료주의를 창조한 조건 아래서만 제대로 기능할 수 있는 시스템이다.

우리는 해결 불가능한 비극적인 딜레마에 빠져 있는 것일까? **경제가 건강하게 돌아가기 위해서는 어쩔 수 없이 병자들을 만들어내야 하는 것일까? 아니면 물질 자원, 발명품, 컴퓨터가 인간의 목적에 복무하게 만들 수 있을까? 제대로 기능하는 강력한 조직을 갖기 위해서는 개개인이 반드시 수동적이고, 의존적이어야만 하는 것일까?**

이 질문에 대한 대답은 서로 다르다. '메가머신megamachine'이 인간의 삶에 초래할 수 있는 혁명적이고 극단적인 변화를 알아보는 사람 중에는 작가들도 있다. 이들은 이런 새로운 사회의 도래는 피할 수 없는 것이므로 그 우수성에 대해 논해봐야 아무 의미가 없다고 말한다. 그와 동시에 이들은 우리가 알고 있는 인간의 모습을 그 사회가 어떻게 변화시킬지 살짝 의심하고 있기는 하지만 새로운 사회에 호의적이다. 즈비그뉴 브레진스키와 허먼 칸Herman Kahn이 이런 태도를 대변한다. 그와 대척점에 있는 사람으로는 자크 엘륄Jacques Ellul이 있다. 그는 자신의 저서 《기술사회*La Technique ou l'Enjeu du siècle*》에서 우리가 다가가고 있는 새로운 사회와 그 사회가 인간에게 미칠 파괴적 영향력에 대해 힘주어 설명하고 있다. 그는 끔찍할 정도로 인간성이 결여된 망령과 마주한다. 그는 새로운 사회가 반드시 승리하리라는 결론을 내리지는 않는다. 그도 확률로 따지면 그런 사회의 승리 가능성이 높다고 생각한다. 하지만 그는 "기술사회가 인간의 개인적, 영적 삶에 가하는 위협을 온전히 인식하는 사람이 점점 더 많아진다면, 그리고 이 진화의 추세를 뒤집어 자신의 자유를 주장하겠다고 마음먹는다면"+ 비인간화 사회가 승리하지 못할 가능성도 있다고 생각한다. 루이스 멈퍼드Lewis Mumford의 입장도 엘륄과 비슷하다고 볼 수 있다. 심오하고도 뛰어난 책, 《기계의 신화*The Myth of the Machine*》++에서

\+ 프랑스판(1954), 미국판; 최초의 빈티지북스판(1964), 알프레드 A. 크노프출판사판(1967), XXX쪽

++ 루이스 멈퍼드, 《기계의 신화》, New York: Harcourt, Brace and World, 1966

그는 이집트 사회와 바빌로니아 사회에서 처음 발현해 시작된 메가머신을 설명하고 있다. 하지만 앞에서 언급했던 저자들처럼 그 망령을 호감, 혹은 공포심으로 바라보는 사람들과는 대조적으로 대다수의 사람, 최고위 기득권층과 일반 시민은 그런 망령을 보지 못한다. 그들은 기계가 인간의 부담을 더는 데 도움이 될 것이며, 목적 달성을 위한 수단으로 계속 남게 될 것이라는 19세기의 낡은 믿음을 유지하고 있다. 그리고 그들은 기술이 그 자신의 논리를 계속 뒤쫓도록 내버려둔다면 암처럼 자라나서 결국에는 개인적 삶과 사회적 삶의 구조화된 시스템을 위협하리라는 위험을 내다보지 못한다. 이 책에서 취하는 입장+은 원칙적으로 멈퍼드, 엘륄의 입장과 동일하다. 나는 사회시스템이 인간이 통제하는 시스템으로 회복될 가능성을 더 높게 본다는 점에서 차이가 있을 수도 있다. 이런 희망은 다음의 요인들을 바탕으로 나왔다.

(1) '인간' 시스템the system 'Man'을 전체 시스템과 연결해서 생각하면 현재의 사회시스템을 훨씬 잘 이해할 수 있다. 인간의 본성은 추상적이지도 않고, 융통성이 무한하지도 않기 때문에 역학적으로 무시할 수 있는 시스템이 아니다. 인간의 본성은 그 자체적인 특질, 법칙, 대안이 있다. 인간 시스템을 연구하면 사회경제적 시스템에서 어떤 요소들이 인

+ 《자유로부터의 도피》, 《건전한 사회》에서와 마찬가지 관점

간에게 무엇을 하는지, 인간 시스템의 교란이 전체 사회시스템에 어떻게 불균형을 초래하는지 이해할 수 있다. 전체 시스템을 분석할 때 인간적인 요소를 거기에 도입함으로써 전체 시스템의 기능장애를 더욱 잘 이해하고, 사회시스템의 건강한 경제적 기능을 거기에 참여하는 사람들을 위한 최선의 행복과 결부시키는 기준을 정의할 수 있다. 물론 이 모든 것을 정당화하기 위해서는 인간적 시스템the human system을 자체적인 구조의 측면에서 최대로 발전시키는 것이 무엇보다도 중요한 목표라는 합의가 선행되어야 한다.

(2) 수동적이고, 고요히 지루하기만 하고, 사생활이 없고, 개성이 박탈된 현재의 삶의 방식에 대해 불만이 늘어간다. 그리고 인간이 지난 수천 년의 역사 속에서 키워온 구체적 필요에 해답을 제시하고, 인간을 동물 및 컴퓨터와 다른 존재로 만들어주는 즐겁고 의미 있는 존재 방식에 대한 갈망이 있다. 부유한 계층의 사람들은 이미 물질적 만족을 충분히 맛보았지만, 소비자의 천국이 약속했던 행복을 가져다주지 않는다는 것을 알게 되었기 때문에 이런 성향은 한층 강해지고 있다. (물론 가난한 사람들은 아직 그런 사실을 파악할 기회를 잡지 못했다. 다만 이들도 '인간이 원하는 모든 것을 가진' 사람들의 삶도 그리 즐겁지 못하다는 것을 보아서 알고 있다.)

이데올로기와 개념들이 매력을 많이 상실했다. '우파'와 '좌파', '공산주의'와 '자본주의' 같이 전통적으로 사용되던 상투적인 용어들이 그 의미를 상실했다. 사람들은 죽음이 아니라 물리적, 영적으로 생명의 우선권에 초점을 맞추는 새로운 방향, 새로운 철학을 추구하고 있다.

미국과 전 세계에서 사람들이 점점 양극화하고 있다. 힘, '법과 질서', 관료주의적 방식, 결국에는 비생명non-life에 끌리는 사람들이 있고, 생명, 기성의 전략과 청사진이 아닌 새로운 태도를 깊이 갈망하는 사람들이 있다. 이 새로운 전선은 우리의 경제적, 사회적 관행의 심오한 변화에 대한 소망을 생명에 대한 우리의 정신적, 영적 접근 방식의 변화와 결합하려는 운동이다. 가장 보편적인 형태로 보면 이 운동의 목적은 개인의 활성화, 사회시스템에 대한 인간의 통제력 회복, 기술의 인간화라 할 수 있다. 이 운동은 생명의 이름으로 이루어지고, 오늘날 생명에 가해지는 위협은 어느 한 계층, 어느 한 국가가 아니라 전체를 향한 위협이기 때문에 이 운동은 아주 광범위한 공통 기반을 가지고 있다.

이어지는 장에서는 여기서 간략히 설명한 문제에 관해 구체적인 논의를 시도할 것이다. 구체적으로는 인간의 본성과 사회경제적 시스템 사이의 관계에 관한 문제들을 다루려 한다.

하지만 먼저 분명하게 짚고 넘어가야 할 부분이 있다. 요즘에는 우리가 올라탄 추세를 변화시킬 가능성을 회의적으로 보는 절망감이 널리 퍼져 있다. 이런 절망감은 주로 무의식에서 생겨나는 반면, 의식적으로는 상황을 '낙관'하며 더 많은 '진보'를 희망한다. 따라서 현재 상황과 희망의 가능성을 논의하기에 앞서 희망이라는 현상에 관한 논의가 선행되어야 할 것이다.

2

희망

1
희망이 아닌 것

생기와 자각이 더욱 넘치고, 더 이성적인 방향으로 사회적 변화를 시도할 때 희망은 결정적인 요소다. 하지만 희망의 본질을 희망과는 아무런 상관도 없고, 사실은 그와 정반대인 태도와 혼동하거나 오해하는 경우가 많다.

희망한다는 것은 무엇일까?

많은 사람이 생각하듯 무언가를 바라고 소망하는 것이 희망일까? 그렇다면 더 좋은 차와 집, 가전제품 등을 갖고 싶어 하는 사람은 희망이 넘치는 사람일 것이다. 하지만 그렇지 않다. 그들은 희망이 있는 사람이 아니라 더 많은 소비를 욕망하는 사람일 뿐이다.

희망의 대상이 어떤 사물이 아니라 더 충만하고 활력이 넘치는 삶일 때, 끝없는 지루함에서 벗어나는 해방일 때 진정한 희망이 된다. 신학적인 용어를 빌리자면 구원salvation, 정치적인 용어로 말하자면 혁명revolution 이라고 할 수 있을까? 이런 종류의 기대라면 희망이 될 수 있다. 하지만 수동적으로 '마냥 기다리는' 속성을 갖고 있다면 그것은 희망이 아니다. 사실 그런 희망은 결국 체념, 혹은 한낱 이데올로기의 가면에 불과하다.

카프카Franz Kafka는 《심판*The Trial*》 속 이야기를 통해 이런 체념적이고 수동적인 종류의 희망을 아름답게 묘사해놓았다. 한 남자가 천국(법)으로 이어지는 문으로 찾아와 문지기에게 안으로 들여보내달라고 간청한다. 그 문지기는 지금 당장은 들여보내줄 수 없다고 말한다. 법으로 이어지는 문은 활짝 열려 있지만, 그 남자는 들어가도 좋다는 허가를 받을 때까지 기다리는 게 낫겠다고 생각한다. 그리고 거기 앉아서 며칠, 몇 년을 기다린다. 그는 계속해서 안으로 들여보내달라고 부탁하지만, 매번 아직은 들여보내줄 수 없다는 얘기만 듣는다. 그 기나긴 세월 동안 그 남자는 거의 쉬지 않고 문지기를 관찰해왔기 때문에 그의 모피 옷깃에 붙어 있는 벼룩까지 알아볼 수 있는 정도가 됐다. 결국 그는 늙어서 죽음을 앞두게 된다. 그리고 처음으로 이런 질문을 던진다. "어떻게 그 오랜 세월 동안 들여보내달라고 여기를 찾아오는 사람이 나 말고는 한 명도 없는 거죠?" 그러자 문지기가 대답한다. "이 문을 통과하도록 허가받을 수 있는 사람이 당신밖에 없으니까 그렇지. 당신만을 위한 문이거든. 이제 문을 닫을 거야."

그 노인은 너무 늙어서 무슨 말인지 이해하지 못했다. 어쩌면 더 젊어도 이해 못 했을지 모른다. 관료들에게는 최후의 한 마디가 있다. '내가 안 된다고 하면 못 들어간다.' 만약 그에게 이렇게 수동적으로 기다리기만 하는 것 이상의 희망이 있었다면 그 문으로 들어갔을 것이고, 관료들의 말을 무시할 수 있는 용기가 해방의 행위가 되어 그를 밝은 궁전으로 이끌었을 것이다. 카프카의 노인 같은 사람이 많다. 그들은 희망하지만 마음이 시키는 대로 행동하지는 못한다. 그리고 관료가 파란불을 켜주지 않는 한 그들은 마냥 기다리기만 한다.[+]

이런 수동적인 형태의 희망은 일반화된 형태의 희망과 긴밀하게 연관되어 있다. 때를 기다리는 희망이라 말할 수 있을 것이다. 이런 종류의 희망에서는 시간과 미래가 핵심 범주로 자리 잡는다. **지금** 당장은 아무것도 일어나기를 기대할 수 없고, 오직 다음 순간, 다음 날, 다음 해, 이승에서 희망이 실현되기를 믿기가 너무 터무니없다 싶을 때는 다음 세상에서 일어나기를 기대한다. 이런 믿음 뒤에는 '미래', '역사', '후세' 등에 대한 숭배가 깔려 있다. 이런 숭배는 프랑스혁명에서 로베스피에르Maximilien Robespierre 같은 사람으로부터 시작됐다. 그는 미래를 여신으로 숭배했다. '나는 아무것도 하지 않는다. 나는 수동적으로 남아 있을 것이

+ 스페인어 'esperar'는 기다림과 희망의 의미를 동시에 갖고 있다. 따라서 내가 여기서 설명하려고 하는 수동적인 종류의 희망을 콕 집어 지칭하는 것이 분명하다.

다. 나는 무기력하고 아무것도 아닌 존재이기 때문이다. 하지만 시간이 투영된 미래는 내가 달성하지 못하는 것을 달성해줄 것이다.' 미래에 대한 이런 숭배는 현대의 물질만능주의적 사고에서 숭배하는 '진보'의 다른 측면으로, 이것이야말로 희망을 멀리하는 행동이다. 지금 당장 내가 무언가를 하거나, 무언가가 되는 대신, 내가 아무것도 하지 않아도 우상, 미래, 후세가 무언가를 해낼 것이라는 믿음이다.[+]

수동적 기다림은 절망과 무기력이 가면을 쓰고 있는 것이지만, 그와 정확히 반대되는 가면을 쓰고 있는 또 다른 형태의 절망과 체념도 있다. 미사여구와 모험주의의 가면, 현실 무시의 가면, 강요할 수 없는 것을 강요하는 가면이다. 거짓 **메시아**와 **정부 전복 세력** 지도자들의 태도다. 이들은 어떤 상황이 찾아오더라도 패배하느니 차라리 죽음을 택해야 한다며 그러지 않는 자들을 경멸했다. 요즘에는 절망과 허무주의의 거짓 급진주의 가면을 열성적인 젊은 세대 사이에서 드물지 않게 찾아볼 수 있다.

+ 무엇이 옳고 그른지, 무엇이 선하고 악한지는 역사가 결정한다는 스탈린주의의 개념은 로베스피에르의 후세 우상화가 직접적으로 연장된 결과다. 이것은 마르크스Karl Marx의 입장과 완전히 대척점에 있다. 마르크스는 이렇게 말했다. "역사는 아무것도 아니며 아무것도 하지 않는다. 무언가일 수 있고, 무언가 할 수 있는 주체는 인간이다." 혹은 《포이어바흐에 대한 테제*Theses on Feuerbach*》에서는 이렇게 말했다. "인간은 환경과 양육의 산물이고 따라서 변화된 인간은 다른 환경, 달라진 양육의 산물이라는 유물론적 주장은 그 환경을 바꾼 것도 인간이며, 양육을 담당한 교육자 자신도 교육받아야 한다는 사실을 잊고 있는 것이다."

이들은 그 대담함과 열성으로 사람의 이목을 끌어모으지만, 현실감각, 전략적인 감각 그리고 일부에서는 생명에 대한 사랑도 결여되어 있기 때문에 설득력을 잃고 만다.⁺

⁺ 이런 절망은 헤르베르트 마르쿠제Herbert Marcuses의 《에로스와 문명, 프로이트 이론의 철학적 연구*Eros and Civilization*》(Boston: Beacon, 1955)와 《일차원적 인간*One-dimensional Man*》(Beacon Press, 1964)에서 빛나고 있다. 그 안에서는 사랑, 친절, 걱정, 책임감 같은 전통적인 모든 가치관이 기술 이전의 사회에서만 의미를 지녔다고 여긴다. 새로운 기술사회, 억압과 착취가 없는 사회에서는 죽음을 비롯해서 그 무엇도 두려워할 필요가 없는 새로운 인간이 도착한다. 인간은 아직 특정되지 않은 필요를 발전시키게 될 것이고, 자신의 '다형의 성생활polymorphous sexuality'을 충족시킬 기회를 얻게 될 것이다(프로이트Sigmund Freud의 《성 이론에 대한 세 가지 기여*Three Contributions of to the Theory of Sex*》 참고). 간단히 말하면 인간의 마지막 진보는 유아적 삶으로의 퇴행, 젖을 배불리 먹은 아이의 행복으로의 회귀에서 볼 수 있다. 마르쿠제가 절망으로 끝맺음한 것도 놀랄 일이 아니다. "사회에 대한 비판 이론은 현재와 미래 사이의 간극을 이어줄 수 있는 개념을 갖고 있지 않다. 이 이론은 아무런 약속도 하지 않고, 아무런 성공도 보여주지 않으며 부정적인 상태로 남는다. 그래서 이런 이론은 희망도 없이 자신의 삶을 '위대한 거부Great Refusal'에 내어주는 사람들에게 충성을 유지하기를 원한다."(《일차원적 인간》, 257쪽)

이런 인용문들은 마르쿠제를 혁명의 지도자라면서 공격하거나, 존경하는 사람들의 생각이 얼마나 틀린 것인지 보여준다. 혁명은 절대 절망을 밑바탕으로 삼지 않고, 그럴 수도 없기 때문이다. 하지만 마르쿠제는 정치에 관심조차 없었다. 현재와 과거 사이의 단계에 관심이 없는 사람은 급진적이든, 온건적이든 정치에는 관심을 두지 않는다. 마르쿠제는 본질적으로 소외된 지성alienated intellectual의 사례다. 그는 자신의 개인적 절망을 급진주의의 이론으로 제시한다. 안타깝게도 그는 프로이트에 대한 이해가 부족하고, 어느 면에서는 그에 대한 지식도 부족했다. 그는 오히려 이 부족함을 다리 삼아 프로이트 학설, 부르주아 유물론bourgeois materialism, 복잡한 헤겔주의를 종합해서 그 자신과, 그와 생각이 비슷한 급진주의자들의 눈에는 가장 진보적인 이론적 구성물로 보이는 것을 만들어냈다. 이는 본질적으로 비이성적, 비현실적이며, 생명에 대한 사랑도 결여된 순진하고 지적인 몽상에 불과하지만 여기서 그 내용을 자세하게 다루기는 적절치 않을 것 같다.

2

희망의 역설과 본성

희망은 **역설적**이다. 희망은 수동적인 기다림도 아니지만, 일어날 수 없는 상황을 비현실적으로 밀어붙이는 것도 아니다. 희망은 웅크린 호랑이와 같다. 호랑이는 뛰어올라야 할 순간이 왔을 때만 뛰어오른다. 피곤한 개량주의reformism나 거짓된 급진적 모험주의 역시 희망의 표현이 아니다. 무언가를 희망한다는 말의 의미는 아직 태어나지 않은 것에 매 순간 준비되어 있지만, 자신의 생애에 탄생이 없더라도 절망에 빠지지 않는 것이다. 이미 존재하는 것을 희망하거나, 이루어질 수 없는 것을 희망하는 것은 무의미하다. 희망이 약한 사람은 안락이나 폭력에 안주한다. 하지만 희망이 강한 사람은 새로운 생명의 모든 신호를 눈으로 보아내고 소중히 여기며, 매 순간 태어나려 하는 것의 탄생을 도울 준비가 되어 있다.

희망에 관한 혼란 중에서도 가장 주요한 것은 의식적인 희망과 무의식적인 희망을 구분하지 못하는 것이다. 이는 물론 행복, 불안, 우울, 지루함, 미움 등 다른 많은 감정적 경험에서도 일어나는 오류다. 프로이트의 이론이 대중적으로 인기를 끌고 있는데도 그의 무의식 개념이 이런 감정적 현상에는 거의 적용되지 않는다는 것이 참으로 놀랍다. 여기에는 크게 두 가지 이유가 있는 듯하다. 하나는 일부 '정신분석학자나 정신분석학 철학자의 글'을 보면 무의식, 즉 무의식적 억압repression이라는 현상 전체가 성적 욕망과 관련이 있다고 생각해서 엉뚱하게도 무의식적 억압을 성적인 소망과 활동에 대한 의식적 **억압**suppression과 동일한 의미로 사용하기 때문이다. 그 과정에서 그들은 프로이트의 발견에서 가장 중요한 결과물을 일부 박탈해버린다. 두 번째 이유는 빅토리아 시대 이후 세대의 경우 소외, 절망, 탐욕 같은 경험을 인식하느니 차라리 모든 것을 억압된 성적 욕망의 탓으로 돌려서 인식하는 것이 마음이 훨씬 덜 불편하기 때문일 것이다. 가장 빤한 사례를 하나만 들어보자. 사람들은 대부분 두려움, 지겨움, 외로움, 절망 같은 느낌을 자기 자신에 대해서도 인정하지 않는다. 즉 이런 느낌에 대해 **무의식적**unconscious이라는 의미다.[+] 이렇

[+] '무의식적'이라고 말하는 것은 소외된 생각과 말하기의 또 다른 형태라는 점을 강조하고 싶다. '무의식'이란 것은 없다. 무의식은 어떤 장기도 아니고 공간을 차지하고 있는 대상도 아니다. 우리는 내외의 사건에 대해 의식하거나, 의식하지 않을 수 있다. 즉 우리는 국부적인 장기가 아니라 정신적 기능을 다루는 것이다.

게 된 이유는 간단하다. 우리의 사회적 양식을 보면 성공한 사람은 두려움, 지겨움, 외로움 등을 느끼지 않아야 한다. 성공한 사람은 이 세상을 최고의 세상이라 여겨야 한다. 승진의 기회를 최대로 끌어올리기 위해서는 의심, 우울, 지겨움, 절망뿐만 아니라 두려움도 억눌러야만 한다.

의식적으로는 희망에 차 있지만 무의식적으로는 절망에 빠져 있는 사람이 많다. 그리고 그 반대인 사람도 있다. 희망과 절망에 대해 알아볼 때는 사람들이 자기가 무엇을 느낀다고 **생각하는지**가 아니라 그 사람이 정말로 느끼는 것이 무엇인지가 중요하다. 사람들이 하는 말만 들어서는 이것을 파악할 수 없다. 그보다는 표정, 걸음걸이, 자기 눈앞에 있는 것에 관심을 가지고 반응할 수 있는 능력, 광신주의와 거리를 두는 태도 등으로 파악할 수 있다. 광신에 빠져 있지 않다는 것은 합리적인 주장에 대해 귀를 기울일 수 있는 능력으로 드러난다.

이 책에서 사회심리적 현상에 적용하고 있는 역학적 관점은 대부분의 사회과학 연구에서 채용하는 서술 위주의 행동주의적 접근 방식과는 근본적으로 다르다. 역학적 관점에서는 어느 사람이 지금 이 순간에 무엇을 생각하고, 말하며, 어떻게 행동하는지를 아는 것에 초점을 맞추지 않는다. 우리는 그 사람의 성격 구조character structure에 관심을 둔다. 즉 그 사람이 갖고 있는 에너지의 반영구적 구조, 그 에너지가 향하는 방향, 그 에너지 흐름의 강도 등에 관심을 둔다는 의미다. 행동에 동기를 부여하는 원동력을 알 수 있다면 현재의 행동을 이해할 수 있을 뿐 아니라 변화된 상황에서 그 사람이 어떻게 행동할지에 대해서도 합리적인 가정을 할 수 있다. 역학적 관점에서 보면 한 사람의 생각이나 행동에서 일어나는 놀라운 '변화'는 그 사람의 성격 구조만 알고 있으면 대부분 미리 내다볼 수 있는 변화다.

희망이 아닌 것이 무언인지에 대해 더 길게 이야기해볼 수도 있겠지만 이쯤 하고 이번에는 희망이 무엇인지 질문을 던져보자. 희망을 언어로 표현하는 것이 가능하기나 할까? 아니면 희망은 시, 노래, 몸짓, 표정, 행동을 통해서만 소통할 수 있는 것이 아닐까?

다른 인간 경험들과 마찬가지로 언어는 경험을 표현하기에 부족한 점이 많다. 사실 대부분의 경우 언어는 그 반대의 일을 한다. 오히려 경험을 모호하게 만들고, 해부해버리고, 죽여버린다. 사랑, 미움, 희망에 관해 얘기하다 보면 자기가 원래 말하려던 것과의 접점을 놓쳐버리는 경우가 너무 많다. 시, 음악 그리고 다른 형태의 예술들이 인간 경험을 묘사하기에는 훨씬 적절한 매체다. 이들은 표현이 정확하고, 인간 경험을 적절히 표상하기 위해 가져오는 진부한 용어들의 추상성과 막연함을 피할 수 있기 때문이다.

하지만 이런 단서들을 진지하게 받아들인다면 시의 언어가 아니어도 경험을 다루는 것이 아예 불가능하지만은 않다. 다만 사람들이 누군가 얘기하는 경험을 어느 정도라도 공유하지 않고서는 불가능할 것이다. 경험을 서술한다는 것은 그 경험의 다양한 측면을 지적함으로써 글을 쓴 사람과 읽는 사람 모두가 자신들이 동일한 것을 지칭한다는 것을 알 수 있는 소통을 확립한다는 의미다. 이제 이 시도를 해볼 텐데 그 전에 독자에게 부탁할 것이 있다. 희망이 무엇이냐는 질문에 대해 나와 함께 파고들되, 내가 그 대답을 해줄 것이라는 기대는 하지 말라는 것이다. 나로서는 이 대화가 가능해지려면 자기 경험을 끌어들여야 한다고 부탁할 수밖에 없다.

희망이란 존재의 상태다. 준비가 되어 있는 내면의 상태, 열정적이지만 아직 쓰이지 않은 능동성activeness⁺이다. '활동activity'이라는 개념은 현대 산업사회에서 가장 널리 퍼져 있는 인간의 오해에 기반하고 있다. 우리 문화 전반은 활동에 맞춰져 있다. 활동은 바쁘다는busy 의미이며, 바쁘다는 것은 비지-니스의 바쁨busyness(비즈니스business에 필요한 비지-니스busyness)을 의미한다. 사실 대부분의 사람은 너무 '활동적'이어서 아무것도 안 하고 가만히 멈춰 있을 수가 없다. 심지어 사람들은 소위 여가도

⁺ 일반적으로 사용하는 용어인 활동activity 대신에 능동성activeness이라는 용어를 사용하게 된 것은 마이클 매코비Michael Maccoby와의 개인적인 대화 덕분이었다. 그에 따라 나는 수동passivity 대신에 수동성passiveness이라는 단어를 사용하고 있다. 능동성과 수동성은 모두 태도, 혹은 마음의 상태를 지칭한다.

나는 몇몇 책에서 특히 생산 지향productive orientation과 연계해서 능동성과 수동성의 문제에 관해 얘기했었다. 독자들에게 어니스트 G. 샤흐텔Ernest Schachtel의 《변형 *Metamorphosis*》(New York: Basic Books, 1959)에 소개된 능동성과 수동성에 관한 훌륭하고 심오한 대화에 관심을 당부하고 싶다.

또 다른 형태의 활동으로 바꾸어놓는다. 돈 버는 활동을 하지 않는 시간에는 드라이브를 즐기고, 골프를 치고, 무의미한 잡담을 나눈다. 사람들이 두려워하는 것은 정말 아무것도 '할 것'이 없는 순간이다. 이런 종류의 행위를 활동이라 부를지 여부는 용어 선택의 문제다. 진짜 문제는 자기가 대단히 활동적이라고 생각하는 사람들 대부분이 자신이 그런 '비지-니스' 상태에 있는데도 대단히 수동적이라는 사실을 인식하지 못한다는 점이다. 이들은 다른 사람의 잡담이든, 영화 관람이든, 여행이든, 소비에서 오는 다른 형태의 짜릿한 쾌감이든 끊임없이 외부에서 자신을 자극해줄 것이 필요하다. 심지어 섹스 파트너로 삼을 새로운 남자나 여자를 찾기도 한다. 이들은 자신을 '자극하고', 흥분시키고, 유혹해줄 대상이 필요하다. 이들은 언제나 달리기만 할 뿐 결코 멈추는 법이 없다. 이들은 항상 무언가에 빠져들 뿐, 거기서 결코 깨어나지 않는다. 이들은 자기 자신과 직면했을 때 생겨날 불안에서 탈출하기 위해 무언가를 해야 한다는 강박에 빠져 있을 뿐인데도 자신을 대단히 활동적인 사람이라 상상한다.

희망은 생명과 성장에 수반되는 정신 상태다. 햇빛을 받지 못하는 나무가 햇빛이 오는 방향으로 몸을 구부린다고 해서 그 나무가 사람과 같은 방식으로 '희망'한다고 말하지는 않는다. 인간의 희망에는 그 나무에는 없는 느낌과 인식이 함께하기 때문이다. 하지만 그 나무가 햇빛을 희망하고, 태양을 향해 몸을 구부림으로써 자신의 희망을 표현하는 것이라 말해도 틀린 얘기는 아니다. 갓 태어난 아기는 다를까? 인식은 없을 지라도 그 아기의 활동은 태어나서 독립적으로 호흡하려는 희망을 표현한다. 젖을 빠는 행동 또한 엄마의 젖가슴에 대한 희망이 아니던가? 아기는 두 발로 서서 걷기를 희망하지 않던가? 아픈 사람은 건강해지기를 희망하고, 수감된 죄인은 자유로워지기를 희망하고, 배고픈 자는 먹기를 희망하지 않던가? 우리는 잠이 들면서 내일 다시 일어나기를 희망하지 않던가? 사랑을 나눈다는 것은 자신의 성적 능력, 자기 파트너를 흥분시킬 수 있는 능력에 대한 남자의 희망 그리고 거기에 반응해서 남성을 흥분시키려는 여자의 희망을 암시하지 않던가?

3

신념

희망이 사라지면 실제로든 잠재적으로든 생명도 끝이 난다. 희망은 생명의 구조에서 그리고 인간 정신의 역학에서 본질적인 요소다. 희망은 생명 구조의 또 다른 요소와 긴밀하게 연결되어 있다. 바로 **신념**faith이다. 신념은 나약한 형태의 믿음이나 앎이 아니다. 신념은 이것 혹은 저것에 대한 신념이 아니다. 신념은 아직 증명되지 않은 것에 대한 확신이고, 진정한 가능성에 대한 앎이며, 잉태에 대한 인식이다. 신념은 실재하지만 아직 태어나지 않은 것에 대한 앎을 지칭할 때 비로소 합리적 신념이 된다. 신념은 앎과 이해의 능력에 기반한다. 이 앎과 이해는 표면을 뚫고 들어가 그 핵심을 본다. 신념은 희망과 마찬가지로 **미래**에 대한 예측이 아니다. 임신한 상태에 있는 **현재**에 대한 전망이다.

신념은 확실성certainty이라는 말이 있지만 여기에는 단서가 필요하다.

의심의 여지 없이 확실한 예측이 가능하다는 의미가 아니라 가능성이 실제로 확실하게 존재한다는 확실성을 말한다. 아기가 조산으로 사산될 수도 있다. 출산 과정에서 죽을 수도 있다. 그리고 태어나서 생후 2주 만에 죽을 수도 있다. 이것이 신념의 역설이다. **즉 신념은 불확실한 확실성이다.**+ 인간의 비전과 이해라는 측면에서의 확실성이지 실제로 일어나는 최종 결과에 대한 확실성이 아니다. 과학적으로 빤히 예측할 수 있는 사건에 대해서는 신념이 필요하지 않다. 그리고 아예 불가능한 일에 대해서도 신념이란 것은 존재할 수 없다. 신념은 살면서 자신을 스스로 바꾸어본 경험을 바탕으로 나온다. 다른 사람들도 변할 수 있다는 신념은 내가 변할 수 있다는 경험에서 나온 결과다.++

합리적인 신념과 비합리적 신념 사이에는 중요한 차이가 있다.+++ 합리적 신념은 생각이나 느낌에서 자기 내면의 능동성으로 생기는 결과이지만, 비합리적 신념은 진실이든 아니든 따지지 않고 무조건 진리로 받아들인 무언가에 굴복해서 생긴 결과다. 모든 비합리적 신념에서 본질적인 요소는 수동적인 성격이다. 그 대상이 우상이든, 지도자든, 이데올로기든 상관없다. 심지어 과학자도 자신의 창의력에 대해 합리적인 신념을

+ 히브리어에서 '신념'에 해당하는 단어 'emunah'는 **확실성**certainty을 의미한다. 그리고 **아멘**Amen은 **확실하게**certainly를 의미한다.

++ '확실성의 필요성'은 3장에서 얘기하겠다.

+++ '합리적'과 '비합리적'의 의미는 4장에서 얘기하겠다.

갖기 위해서는 전통적 개념에 대한 비합리적 신념에서 자유로울 필요가 있다. 일단 자신의 발견이 '증명된' 후에는 그다음 단계를 생각하는 경우가 아니면 더는 신념이 필요하지 않다. 인간관계의 영역에서 다른 사람에 대해 '신념을 갖는다'는 말의 의미는 그의 '핵심'에 대해 확신한다는 의미다. 즉 그의 근본적 태도의 신뢰성과 불변성에 대한 확신이다. 그와 동일한 의미에서 우리는 자기 자신에 대한 신념도 가질 수 있다. 자신의 의견이 변하지 않을 거라는 신념이 아니라, 삶에 대한 기본적인 지향점, 자신의 성격 구조의 기질에 대한 신념을 말한다. 이런 신념은 자신에 대한 경험, '나'라고 정당하게 말할 수 있는 능력, 자신의 정체성에 대한 느낌으로 길든다.

희망은 신념에 동반되는 기분이다. 희망이라는 기분이 없이는 신념이 유지될 수 없다. 그리고 희망은 신념 말고는 다른 기반을 가질 수 없다.

4
불굴의 용기

생명의 구조에서 희망, 신념과 연결된 또 하나의 요소가 있다. 용기 courage, 혹은 스피노자Baruch Spinoza의 말처럼 '불굴의 용기fortitude'다. 어쩌면 불굴의 용기가 덜 모호한 표현일지도 모르겠다. 요즘에는 용기라는 표현은 살 용기보다는 죽을 용기라는 의미로 사용되는 경우가 더 많으니 말이다. 불굴의 용기는 희망과 신념을 공허한 낙관론이나 비합리적인 신념으로 바꾸어 파괴함으로써 위태롭게 만들려는 유혹에 저항하는 능력을 말한다. 불굴의 용기는 세상이 당신에게 '예'라는 대답을 듣고 싶어할 때 '아니요'라고 말할 수 있는 능력이다.

하지만 불굴의 용기가 가지고 있는 또 다른 측면에 관해 이야기하지 않고는 이 말을 온전히 이해할 수 없다. 바로 겁 없음fearlessness이다. 겁이 없는 사람은 위협이 무섭지 않고 심지어 죽음도 무섭지 않다. 하지만 '겁 없음'이라는 단어는 몇 가지 완전히 다른 태도를 의미하는 경우가 많다. 여기서는 그중에서 제일 중요한 세 가지만 언급하겠다. 첫째, 살고 싶은 마음이 없어서 겁이 없을 수 있다. 이런 사람에게는 생명이 별로 의미가 없다. 그래서 죽음의 위험이 닥쳤을 때도 이 사람은 겁이 없다. 하지만 죽음은 겁나지 않아도, 삶은 겁날 수 있다. 이 사람의 겁 없음은 생명에 대한 사랑이 결여되었기 때문에 생긴다. 이 사람은 목숨을 걸어야 할 상황이 아니면 겁 없는 모습이 잘 보이지 않는다. 사실 이 사람은 삶에 대한 두려움, 자신과 사람들에 대한 두려움을 피하기 위해 위험한 상황을 일부러 찾아다닐 때가 많다.

두 번째 종류의 겁 없음은 공생관계로 사람이든, 조직이든, 이상이든 어떤 우상에게 굴종하여 살아가는 사람의 겁 없음이다. 그에게 우상의 명령은 신성하다. 그 명령은 자기 몸이 생존을 위해 내리는 명령보다도 훨씬 강력하다. 만약 이 사람이 우상의 명령에 복종하지 않거나 그 명령을 의심할 수 있다면 우상과 동질감을 잃어버릴 위험에 직면하게 된다. 즉 혼자서 완전히 고립되어 미치기 직전까지 갈 수 있는 위험을 감수한다는 의미다. 이 사람은 그런 위험에 자신을 스스로 노출하는 게 두려워 죽음도 기꺼이 받아들이려 한다.

세 번째 종류의 겁 없음은 완전히 성숙한 사람에게서 찾아볼 수 있다. 이런 사람은 자기 자신을 책임지며 삶을 사랑한다. 탐욕을 극복한 사람은 어떤 우상, 어떤 대상에게도 매달리지 않기 때문에 잃을 게 없다. 그는 비어 있기에 풍요롭고, 욕망의 노예가 아니어서 강하다. 그는 우상, 비합리적인 욕망, 환상을 내려놓을 수 있다. 자신의 안팎에서 현실과 온전히 접촉하고 있기 때문이다. 이런 사람이 완전한 **깨달음**에 도달하면 완전히 겁 없는 상태가 된다. 그 경지에 도달하지 못한 채 이 목표를 향해 나간다면, 겁 없음 역시 완전하지 못하다. 하지만 온전히 자기 자신이 되는 상태를 향해 나아가려 노력하는 사람이라면 겁 없음을 향해 새로운 발걸음을 내디딜 때마다 강해지는 느낌과 기쁨이 확실하게 깨어난다는 것을 안다. 그는 새로운 삶의 단계가 시작된 것 같은 기분을 느낀다. 그는 괴테Johann Wolfgang von Goethe의 말이 진실임을 느낄 수 있다. "나는 무無 위에 집을 지었노라. 그것이 바로 온 세상이 나의 것인 이유다Ich hab' mein Haus auf nichts gestellt, deshalb gehoert mir die ganze Welt."

생명의 본바탕인 희망과 신념은 그 본질상 개인적, 사회적으로 현재의 상태를 초월하려는 방향으로 나아간다. 이것은 모든 생명의 특징 중 하나이기 때문에 생명은 항상 변화의 과정에 놓여 있으며, 어느 한순간도 동일한 상태로 남아 있지 않는다.+ 정체된 생명은 죽는 경향이 있다. 그 정체가 마무리되면 죽음이 일어난 것이다. 그럼 항상 움직이는 속성

+ 유기 생명과 무기 물질의 정의, 혹은 그 둘 사이의 경계에 대해 여기서 얘기하기는 적절치 않아 보인다. 현재의 생물학과 유전학의 관점에서 보면 전통적인 구분에 의문이 가는 것은 틀림없다. 하지만 그런 구분이 정당성을 잃었다고 가정하는 것은 실수다. 이런 구분은 대체가 아니라 개선이 필요할 뿐이다.

이 있는 생명은 현재의 상태를 깨고 나오거나 극복하려는 경향이 있다는 결론이 나온다. 우리는 더 강해지거나 약해지고, 더 현명해지거나 어리석어지고, 더 용감해지거나 겁이 많아진다. 모든 순간은 더 좋아지든 나빠지든 결정의 순간이다. 우리는 자신의 태만, 탐욕, 미움에 먹이를 주거나 굶긴다. 먹이를 주면 줄수록 더 강해지고, 굶기면 굶길수록 더욱 약해진다.

개인에게 통하는 진실은 사회에도 통한다. 사회도 결코 정적이지 않다. 사회 역시 성장하지 못하면 퇴락한다. 사회가 현재의 상태를 초월해서 더 나아지지 못하면 쇠퇴할 수밖에 없다. 한 명의 개인으로서 혹은 사회를 이루는 구성원으로서 우리는 가만히 서 있기만 하면 현재 주어진 상황이 어느 쪽으로도 변화하지 않을 거란 착각에 빠질 때가 많다. 이는 가장 위험한 착각 중 하나다. 멈춰 서는 순간 우리는 퇴락하기 시작한다.

5
부활

개인적 변화나 사회적 변화가 가능하다는 개념이 성립한다면 기독교의 신학적 의미를 끌어들이지 않고도 부활의 의미를 새로이 정의할 수 있다. 아니, 새로 정의해야만 한다. 부활의 기독교적 의미는 가능한 상징적 표현 중 하나일 테지만 새로운 의미의 부활은 **이승의** 실재 이후에 **또 다른 실재**가 창조되는 것이 아니라 더 큰 삶의 방향으로 **지금의** 실재가 변화하는 것을 의미한다. 인간과 사회는 지금, 여기에서 일어나는 희망과 신념의 행동 안에서 매 순간 부활한다. 사랑, 각성, 연민의 행동 하나하나가 모두 부활이다. 그리고 태만, 탐욕, 이기심의 행동 하나하나가 죽음이다. 매 순간 존재는 우리에게 부활 아니면 죽음이라는 대안을 제시한다. 그리고 매 순간 우리는 거기에 답한다. 그 답은 우리가 무엇을 말하고, 생각하느냐에 있지 않고, 우리가 어떤 존재이고, 어떤 행동을 하고, 어디를 향해 나아가느냐에 있다.

6

메시아적 희망

신념과 희망 그리고 이승에서의 부활은 예언자들의 메시아적 비전에서 그 고전적 표현을 찾아볼 수 있다. 이 예언자들은 카산드라Cassandra나 그리스 비극의 합창chorus처럼 **미래**를 예측하지 않는다. 이들은 여론이나 권위라는 눈가리개를 벗어던진 상태에서 **현재의 실제**를 있는 그대로 바라본다. 이들은 예언자가 되기를 원하지 않지만 자신의 양심에서 우러나는 목소리를 표현하고 싶은 충동을 느낀다. 자기 눈에 어떤 가능성이 보이는지 말하고, 사람들에게 대안을 보여주고, 그들에게 경고하기 위해서 말이다. 이는 그들 모두가 열망하는 부분이다. 그들의 경고를 진지하게 받아들여 자신의 행동 방식을 바꿀지, 아니면 눈을 감고 귀를 닫아 고통받게 될지는 사람들에게 달려 있다. 예언자의 언어는 항상 대안의 언어, 선택의 언어, 자유의 언어다. 좋든 싫든 결정론의 언어인 경우는 절대 없다. 〈신명기〉의 구절(30장 19절)에 가장 짧은 형태로 예언적 대안주의가 담겨 있다. "내가 너희 앞에 생명과 죽음을 두었으니, 너희는 생명을 택하여라!"[+]

예언 문학에서 메시아적 비전은 "존재해왔고, 여전히 그곳에 존재하는 것과 되고 있으나 아직 되지는 못한 것" 사이의 긴장에 의존했다.[++] 예언 이후의 시대에는 메시아적 개념의 의미에서 변화가 일어났고, 기원전 164년경에 〈다니엘〉에서, 구약성경에 포함되지 못한 위경[+++] 문헌pseudo-epigraphical literature에서 처음 그 변화가 등장했다. 이 문헌들은 예언의 '수평적' 역사관과 상반되는 '수직적'[‡] 구원관을 갖고 있다. 여기서는 개인의 변화와 최후의 대재앙에서 일어나는 역사의 파국적 종말에 방점을 찍고

+ 나는 《너희도 신처럼 되리라*You Shall Be as Gods*》(New York: Holt, Rinehart and Winston, 1967)에서 예언적 대안주의의 본질에 관해 자세히 다루었다. 그리고 같은 책에서 원래의 대안적 사고방식과 대비되는 유대교의 메시아적 사고에 담긴 종말론적 경향도 설명했다.

++ 레오 벡Leo Baeck, 《유대주의와 기독교*Judaism and Christianity*》, New York: The Jewish Publication Society of America, 1958(W. 카우프만Walter Arnold Kaufmann의 서문이 포함된 번역본)

+++ '위경僞經'은 '위조한 경전'이란 의미로 정경과 구약외전에 속하지 않는 책들을 의미한다. — 옮긴이

‡ 앞에서 언급한 벡이 사용한 용어들이다. 《인간의 미래*The Future of Man*》(New York: Harper and Row, 1964)에서 테야르 드 샤르댕Teilhard de Chardin은 이런 개념들을 종합하려 시도했다.

있다. 이런 종말론적 시각은 대안이 아니라 예측의 비전이며, 자유가 아니라 결정론의 비전이다.

후기 탈무드식 혹은 랍비식 전통에서는 원래의 예언적 대안주의 비전이 우세했다. 하지만 역설적으로 하나의 제도로서 교회 전반이 수동적으로 기다리는 입장으로 후퇴하면서 초기 기독교 사상은 메시아적 사상의 종말론적 비전에 더 강한 영향을 받았다.

그럼에도 '예수의 재림' 개념에는 예언자적 개념이 생생히 살아 있고, 기독교 신앙에 대한 예언자적 해석이 혁명적 종파와 '이단' 종파에서 거듭해서 표현되고 있다. 오늘날 다양한 비가톨릭 기독교 교파를 비롯해서 로마 가톨릭교회의 급진파에서는 예언적 신조와 대안주의 그리고 영적인 목표가 정치적, 사회적 과정에 반드시 적용되어야 한다는 개념으로 귀환하는 경우가 두드러졌다. 교회 밖 영역을 살펴보면, 원래의 마르크스 사회주의는 세속적 언어로 표현된 메시아적 비전 중 가장 중요한 것이었지만 공산주의자들이 마르크스주의를 왜곡하는 바람에 오염되고 파괴되어버렸다. 최근에는 마르크스주의의 메시아적 요소가 몇몇 사회

✣ 에른스트 블로흐Ernst Bloch는 《희망의 원리*Das Prinzip Hoffnung*》에서 마르크스 사상에 담겨 있는 희망의 예언적 원리를 누구보다도 잘 포착해놓았다. 그리고 현대의 인본주의적 사회주의자 작가들 다수가 에리히 프롬이 편집한 《사회주의적 인본주의 심포지엄*Symposium on Socialist Humanism*》(New York: Doubleday, 1965)에 원고를 보내주었다. 또한 유고슬라비아의 학술지 《프락시스*Praxis*》 그리고 권터 네닝G. Nenning이 편집하고 포럼Forum에서 출판하는 국제 리뷰 학술지 《다이얼로그*Dialogue*》도 기독교인과 비기독교 인본

주의적 인본주의자, 특히 유고슬라비아, 폴란드, 체코슬로바키아, 헝가리에서 다시 목소리를 내고 있다. 마르크스주의자와 기독교 신자들이 공통의 메시아적 유산을 바탕으로 전 세계적인 대화에 참여하게 된 것이다.+

주의자 사이의 대화를 담고 있다.

마르크스가 사회주의는 필연적인 결과라고 말하며 결정론적 역사관을 갖고 있었다는 가정이 널리 퍼져 있는데, 내 의견으로는 그렇지 않은 것 같다. 그가 결정론자라는 인상은 마르크스의 일부 공식적 표현에서 나왔다. 이런 표현들은 그의 훈계하고 선동하는 스타일에서 기원한 것으로, 그의 분석적이고 과학적인 스타일과 뒤섞여 있는 경우가 많다. 마르크스주의의 이론 해석가 중 가장 똑똑한 사람이라 할 수 있는 로자 룩셈부르크Rosa Luxemburg는 '사회주의와 야만 사이의 대안'이라는 개념에서 대안주의적 관점을 강조했다.

7

산산이 부서진 희망

희망, 신념, 불굴의 용기가 생명에 수반되는 것이라면 어째서 그리도 많은 사람이 희망, 신념, 불굴의 용기를 잃고 노예 같은 삶, 의존적인 삶을 사랑하게 되는 것일까? 이런 상실의 가능성이 바로 인간의 실존이 가지고 있는 특징이다. 우리는 희망, 신념, 불굴의 용기로 시작한다. 이는 정자와 난자, 그 둘의 합일, 태아의 성장과 탄생이 가진 '아무 생각이 없는' 무의식적인 속성이다. 하지만 생명이 시작되면 환경과 사고에서 시작되는 온갖 우여곡절이 희망의 잠재력을 더 증진하거나 차단하기 시작한다.

사람들은 대부분 사랑받기를 희망했다. 그저 애지중지 소중하게 여기며 잘 먹여주기만을 희망한 것이 아니라 이해받고, 보살핌을 받고, 존중받기를 희망했다. 대부분은 신뢰받기를 희망했다. 어렸을 때 우리는 인간이 발명한 거짓말에 관해 아직 알지 못했다. 말로 하는 거짓말만이 아니라 목소리, 몸짓, 눈길, 표정으로 하는 거짓말까지 있으니 말이다. 인간만의 특별한 독창성인 이 거짓말에 아이가 무슨 준비가 되어 있겠는가? 그러다 대부분은 사람들의 말이 진심이 아니거나, 진심과는 정반대로 이야기할 때도 많다는 사실을 다소 잔인한 방식으로 깨닫게 된다. 그리고 '그냥 사람들'만 그러는 것이 아니라 부모님, 선생님, 지도자 등 우리가 가장 신뢰하는 사람들조차 거짓말을 한다는 것을 깨닫게 된다.

성장의 어느 한 시점에서 희망이 실망으로 바뀌는 운명을 피할 수 있는 사람은 거의 없다. 어쩌면 이것은 좋은 일일지도 모른다. 희망이 실망으로 바뀌는 경험 없이 어떻게 그 희망을 억누를 수 없는 강력한 희망으로 키울 수 있겠는가? 어떻게 낙관적 몽상가가 될 위험을 피할 수 있겠는가? 하지만 한편으로는 희망이 너무 산산이 부서지는 바람에 그 희망을 결코 회복하지 못하는 경우도 있다.

사실 산산이 부서진 희망에 대한 반응은 역사, 개인, 심리, 기질 등 수많은 환경에 따라 아주 다양하게 나타날 수 있다. 많은 사람, 아마도 대다수는 희망이 실망으로 바뀌고 나면 그 반응으로 좋은 것은커녕 최악의 상황이 일어날 수도 있다는 사실을 굳이 신경 쓰지 않고 최선의 상황만을 희망하는 평균적인 낙관주의로 자신의 희망을 조정한다. 나머지 다른 사람들도 모두 휘파람을 불고 있는 한 이런 사람들도 절망을 느끼는 대신 휘파람을 함께 불 수 있다. 이들은 일종의 팝 콘서트에 참여하는 것처럼 보인다. 이들은 욕심을 낮추어 자기가 얻을 수 있는 것만을 요구하고, 닿을 수 없을 것 같은 목표는 아예 꿈도 꾸지 않는다. 이들은 무리에 아주 잘 적응한 구성원들이고, 아무도 절망을 느끼지 않는 것으로 보이니까 자신도 절대 절망을 느끼지 않는다. 이들은 체념적 낙관론resigned optimism이라는 특이한 그림을 제시한다. 이것은 현대의 서구 사회를 구성하는 수많은 구성원에게서 볼 수 있으며 보통 낙관론적 부분은 의식적으로 나타나고, 체념적인 부분은 무의식적으로 나타난다.

산산이 부서진 희망이 낳는 또 다른 결과는 마음이 '딱딱하게 굳어' 완고해지는 것이다. 비행 청소년부터 비정하지만 일은 잘하는 어른에 이르기까지 많은 사람이 다섯 살이든, 열두 살이든, 스무 살이든 인생의 어느 시점에서 차마 더는 마음의 상처를 받아들일 수 없는 지경까지 가게 된다. 그중 일부는 갑작스러운 전망이나 전환을 통해 이만하면 고통받을 만큼 받았으니 이제 아무것도 느끼지 않겠노라고 다짐한다. 세상 그 누구도 다시는 자기를 아프게 하지 못하겠지만, 자기는 타인을 아프게 할 수 있을 거라고 말이다. 이들은 운이 나빠 친구도, 자기를 사랑해주는 이도 찾을 수 없다고 불평하지만 그것은 그들의 운이 나빠서가 아니다. 그들의 운명이다. 연민과 공감을 잃어버린 이들은 그 누구의 마음에도 다가가지 못하고, 그 누구도 그들의 마음에 다가갈 수 없다. 이들에게는 아무도 필요로 하지 않는 것이 곧 인생의 승리다. 이들은 누구도 자기를 건드릴 수 없다는 데 자부심을 느끼고 다른 이들에게 상처를 줄 수 있다는 데서 즐거움을 느낀다. 이것이 범죄의 형태로 이루어질지 혹은 적법한 방식으로 이루어질지는 심리적 요인보다는 사회적 요인에 더 많이 좌우된다. 이런 사람들 대부분은 계속해서 마음이 얼어붙어 있고, 따라서 삶이 다할 때까지 불행하다. 하지만 기적이 일어나서 얼었던 마음이 녹기 시작하는 경우도 그리 드물지만은 않다. 이런 일은 자신에게 진정한 관심과 걱정을 보여준다고 믿는 사람을 만나 새로운 차원의 감정이 열려서 일어날 수도 있다. 운이 좋다면 마음이 완전히 녹으면서 완전히 파괴되어 버린 줄 알았던 희망이 씨앗이 되살아나기도 한다.

산산이 부서진 희망이 낳을 수 있는 훨씬 극단적인 또 다른 결과는 파괴적 폭력성이다. 인간은 희망 없이는 살 수 없기 때문에 희망이 산산이 부서진 사람은 삶을 혐오한다. 이들은 삶을 창조할 수 없기 때문에 삶을 파괴하고 싶어 한다. 기적에 가까운 일이지만 달성하기는 훨씬 쉽다. 이들은 삶다운 삶을 살지 못한 자기 자신에게 복수하기를 원하고, 자신을 완전한 파괴로 내몰아 그 복수를 실행한다. 이 지경까지 가면 자기가 타인을 파괴할지, 타인에게 파괴당할지는 중요하지 않게 된다.*

보통 산산이 부서진 희망에 대한 파괴적인 반응은 사회적 혹은 경제적 이유로 대다수가 누리는 편안함에서 배제되어 사회적 혹은 경제적으

* 내가 곧 펴낼 《인간 파괴성의 해부 *The Anatomy of Human Destructiveness*》(New York, 1973)에서 이런 문제와 파괴성의 다른 발현으로 생기는 문제들을 자세히 다루고 있다.

로 갈 곳이 없는 사람들에게서 찾아볼 수 있다. 혐오와 폭력으로 이어지는 주된 이유가 경제적 좌절만은 아니다. 희망을 찾아볼 수 없는 상황, 거듭 반복되는 깨진 약속 등도 마찬가지로 폭력과 파괴성을 불러올 수 있다. 사실 너무도 많은 것을 박탈당하고 학대당해서 희망의 비전이 없으니 희망이 깨질 일도 없는 집단은 희망의 가능성은 보이지만 자신이 처한 상황 때문에 그 희망을 현실로 만드는 것이 불가능하다는 것을 알게 된 집단보다 오히려 폭력성이 덜 하다. 심리적으로 말하면 죽음에 끌림은 삶에 대한 사랑의 대안이고, 기쁨은 지겨움의 대안인 것처럼 파괴성은 희망의 대안이다.

개인만 희망으로 사는 것이 아니다. 국가와 사회계층도 희망, 신념, 불굴의 용기로 살아간다. 그리고 이런 잠재적 능력을 잃어버리면 활력의 결핍 때문이든, 그 안에서 자라나는 비합리적인 파괴성 때문이든 그 사회는 사라진다.

한 개인 안에서 희망이나 절망이 자라날지 여부는 그 사람이 속한 사회나 계층에 희망이나 절망이 존재하는지 여부에 크게 좌우된다는 점을 명심하자. 한 개인의 희망이 어린 시절에 아무리 산산조각이 났더라도 그 사람이 희망과 신념이 가득한 시기에 살고 있다면 그 자신의 희망에도 다시 불이 켜질 것이다. 반면 경험을 통해 희망을 쌓아온 사람이라도 자신이 속한 사회나 계층이 희망의 정신을 잃어버리면 우울과 좌절로 빠져드는 경향이 있다.

요즘에는 서구 사회에서 희망이 빠른 속도로 사라져가고 있다. 제1차 세계대전이 시작된 이후로는 점점 더 그렇고, 구체적으로 미국에서는 지난 세기 말에 있었던 반제동맹Anti-Imperialist League[+]의 좌절 이후에 그렇다. 내가 앞에서도 말했듯이 절망은 낙관론으로 포장되며, 일부는 혁명적 허무주의로 포장되기도 한다. 하지만 사람이 자신에 대해 어떻게 생각하는지는, 그 사람이 실제로 어떤 사람인지, 그 사람이 진정으로 느끼는 것이 무엇인지에 비교하면 중요하지 않으며, 우리는 대부분 자신이 무엇을 느끼는지 인식하지 못한다.

절망의 신호는 어디에서나 보인다. 지겨움이 가득한 사람들의 표정만 봐도, 필사적으로 사람들과 '접촉하려' 하는데도 사람과 사람 사이에 접촉이 결핍된 것만 봐도 알 수 있다. 도시의 물과 공기는 날이 갈수록 독성이 강해지고, 가난한 국가에는 충분히 예측 가능한 기근이 닥치고 있는데도 이를 극복하기 위한 진지한 계획을 내놓지 못하는 모습을 봐도 알 수 있다. 모든 이의 생명과 계획을 앗아갈 수 있는 일상적인 위협조차 없애지 못하는데 또 무슨 말이 필요할까. 핵무기 말이다. 희망에 관해 우리가 무슨 말을 떠들고, 무슨 생각을 하든, 우리가 생명을 지키기 위한 행동에 나서거나, 계획을 수립하지 못하고 있다는 것은 우리의 절망을

[+] 미국-스페인 전쟁과 미국의 필리핀 무력 점거 후 미군이 폭력적인 행동에 집중하는 잔인성을 보인 것에 반대해서 미국 내에서 결성된 동맹이다. — 옮긴이

드러내 보여주고 있을 뿐이다.

이렇게 절망이 자라나는 이유를 우리도 조금은 알고 있다. 1914년 전에는 사람들이 세상을 안전한 곳이라 여겼다. 인간의 생명을 완전히 경시하는 전쟁은 과거의 일로 보였다. 하지만 제1차 세계대전이 일어났고, 세계의 모든 정부는 전쟁의 동기에 대해 거짓말을 했다. 그러다 서구의 열강과 소련 모두의 가식적인 코미디와 함께 스페인 내전이 터졌다. 그리고 공포의 스탈린 체제와 히틀러 체제가 찾아왔고, 민간인의 생명을 완전히 경시한 제2차 세계대전이 터졌고, 베트남전이 터졌다. 베트남전에서 미국 정부는 자유민주주의를 '수호한다는' 명목으로 자신의 무력을 이용해 사람들을 파괴했다. 그리고 전 세계 모든 사람에게 희망을 줄 수 있는 핵무기 감축이라는 큰 발걸음을 두 열강 중 어느 한쪽도 내딛지 못하고 있다. 자신이 먼저 행동에 나서면 상대방도 온전한 분별력을 가지고 따라나설 것이라 신뢰할 수 있어야 하는데 그러지 못하는 것이다.

하지만 절망이 점점 커지고 있는 다른 이유들이 여전히 남아 있다. 완전히 관료화된 산업사회의 형성과 조직의 힘에 대비되는 개인의 무력함이다. 이 부분은 다음 장에서 다루겠다.

미국과 서구 사회가 무의식적인 절망에 빠져 신념과 불굴의 용기가 결여된 상태를 계속 이어간다면 핵무기를 통한 큰 한 방의 유혹을 거부하기 힘들어지리라 예측할 수 있다. 이것으로 모든 생명을 끝장내서 인구과잉, 지겨움, 배고픔 등의 문제를 일거에 해결할 수 있으니까 말이다.

사람이 실권을 쥐는 사회적, 문화적 질서를 향해 나아갈 수 있는지는 절망을 이해할 수 있느냐에 달려 있다. 제일 먼저 그 절망을 직시할 수 있어야 한다. 그리고 두 번째로는 다시 희망을 품는 것이 가능한 새로운 방향으로 우리의 사회적, 경제적, 문화적 삶을 바꿀 실질적인 가능성이 있는지 조사해봐야 한다. 만약 그런 실질적인 가능성이 없다면 희망을 품는 것은 정말 어리석은 행동이 될 것이다. 하지만 그런 가능성이 실제로 존재한다면 새로운 대안과 선택을 조사하고, 그런 새로운 대안의 실현을 위해 조화로운 행동에 나섬으로써 희망을 키울 수 있다.

3

우리는 지금 어디에 있고,
어디를 향하고 있나?

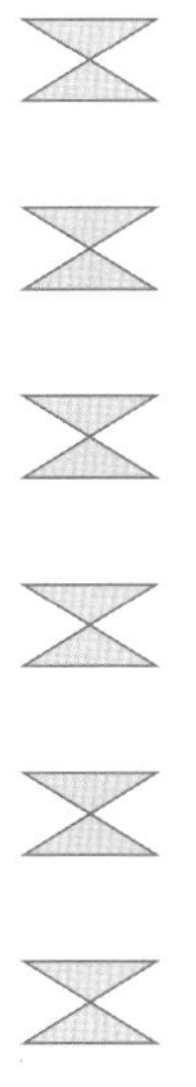

1
우리는 지금 어디에 있나?

18세기와 19세기의 산업주의에서 미래로 이어지는 역사적 궤적에서 우리의 위치를 정확히 파악하기는 쉽지 않다. 그보다는 우리가 어느 위치에 있지 않은지 말하는 쪽이 더 쉽다. 우리는 자유 기업 체제로 향하는 길에 있지 않고 오히려 그로부터 급속도로 멀어지고 있다. 우리는 더 큰 개인주의로 향하지 않고, 점점 더 조작당하는 집단 문명이 되어가고 있다. 이데올로기의 지도는 우리에게 어디로 향하고 있다고 말하지만, 사실 우리는 그곳을 향하고 있지 않다. 우리는 완전히 다른 방향으로 행진하는 중이다. 일부 사람들은 그것이 어떤 방향인지 분명하게 이해하고 있다. 그중에는 그 방향을 좋아하는 사람도 있고, 두려워하는 사람도 있다. 하지만 사람들 대부분은 기원전 500년경 만들어진 세계지도처럼 실제와는 완전히 다른 지도를 보고 있다. 우리 지도가 엉터리라는 것을 아는 것만으로는 충분하지 않다. 우리가 원하는 방향으로 가려면 정확한 지도를 확보하는 것이 중요하다. 새로운 지도에서 가장 중요한 특징은 1차 산업혁명의 단계를 지나 2차 산업혁명이 시작되었다는 조짐이 보인다는 점이다.

1차 산업혁명의 특징은 생물 에너지(동물과 인간의 노동력)를 기계적 에너지(증기기관, 석유, 전기, 원자 등)로 대체하는 법을 배웠다는 것이다. 이 새로운 에너지의 원천이 산업 생산의 근본적 변화를 가져온 밑바탕이다. 이 새로운 산업 잠재력은 특정 유형의 산업 조직industrial organization과 관련이 있었다. 소유주가 운영하고, 서로 경쟁하면서, 노동자들을 착취하고, 이윤의 분배를 두고 노동자들과 싸우는, 수많은 중소기업이 갖추고 있던 산업 조직이다. 중산층과 상류층의 구성원들은 가정에서 가장 노릇을 하듯이 회사에서도 주인이었고 자신을 자기 운명의 주인이라 여겼다. 비非백인 인구층에 대한 무자비한 착취가 가정 개혁과 나란히 진행되면서 가난한 사람들에 대한 호의적인 태도가 확산됐고, 결국 20세기 전반에는 까마득히 가난한 상태에 머물러 있던 노동자 계층이 상대적으로 편안한 삶을 누리는 위치로 올라오게 됐다.

1차 산업혁명의 뒤를 2차 산업혁명이 잇고 있다. 그리고 우리는 현재 2차 산업혁명의 시작을 목도하고 있다. 2차 산업혁명의 특징은 **생명 에너지**가 기계 에너지로 대체되고 있을 뿐만 아니라 **인간의 생각** 또한 기계의 생각이 대체하고 있다는 점이다. 사이버네틱스Cybernetics와 자동화

automation('사이버네이션 cybernation') 덕분에 중요한 기술적, 조직적 질문에 인간의 뇌보다 훨씬 정확하고 신속하게 답하는 기계를 만드는 것이 가능해졌다. 사이버네이션은 새로운 종류의 경제적, 사회적 조직이 등장할 가능성을 만들어내고 있다. 상대적으로 소수의 거대 기업이 경제의 중심으로 자리 잡았고, 머지않은 미래에는 경제를 완전히 장악하게 될 것이다. 기업은 법적으로는 수십만 주주의 재산으로 등록되어 있지만 실제로는 관료체계가 스스로 자기 생명을 연장하며 운영해나간다(사실상 법적 소유주의 의지와는 완전히 독립적으로 운영된다). 사기업과 정부 사이의 동맹 관계가 워낙 긴밀해지다 보니 이 동맹을 이루는 두 주체를 분간하기가 점점 어려워지고 있다. 미국 인구 대다수는 좋은 집에서 잘 먹고, 잘 살고 있다. 그리고 '개발이 덜 된' 지역에서 여전히 평균 생활수준 이하에서 살고 있는 미국인들도 아마 가까운 미래에 이 다수의 대열에 합류하게 될 것이다. 우리는 계속해서 개인주의, 자유, 신에 대한 믿음을 주장하고 있지만, 쾌락적 물질주의의 원리에 따라 강박적으로 순응하는 조직 순응자 organization man[+]의 현실에 비하면 그 목소리는 점점 약해지고 있다.

사회가 가만히 멈춰 설 수 있다면(사회 역시 개인과 마찬가지로 멈춰 서는 것이 거의 불가능하다) 상황이 지금처럼 불길하지는 않았을 것이다. 하

+ 기업, 군대 등의 조직에 헌신하며 주체성을 상실하고 만 인간이다. — 옮긴이

지만 우리는 새로운 종류의 사회, 새로운 종류의 삶을 향해 나아가고 있다. 이제 우리는 겨우 그 시작을 보고 있을 뿐이고, 그 변화는 빠르게 가속되고 있다.

2

비인간화된 서기 2000년 사회의 비전

핵무기가 그전에 인간을 전멸시키지 않았다고 가정할 때 서기 2000년에 우리는 어떤 종류의 사회와 인간을 마주하게 될까?

만약 미국 사회가 앞으로 어떤 변화의 길을 걷게 될지를 사람들이 안다면 대부분은 아니어도 많은 사람이 겁을 먹고 그 경로를 바꾸기 위한 조치를 취할 것이다. 하지만 자기가 향하는 방향이 어디인지 인식하지 못하는 상황이라면 이미 운명이 되돌릴 수 없게 늦어버린 시간이 되어서야 현실을 깨닫게 될 것이다. 안타깝게도 대다수 사람은 자기가 어디로 향하고 있는지 깨닫지 못하고 있다. 그들은 농업사회가 수렵채집인 사회와 너무도 다른 것처럼 우리가 향하고 있는 새로운 사회 역시 그리스, 로마, 중세 그리고 전통적 산업사회와는 근본적으로 다르다는 것을 인식하지 못하고 있다. 대부분의 사람은 여전히 1차 산업혁명 당시의 사회 개념으로 생각하고 있다. 사람들은 우리가 50년 전보다 더 나은 기계를 더 많이 가지고 있는 것을 보며 이것이 바로 진보라 생각한다. 이들은 직접적인 정치적 탄압이 없으니 개인의 자유가 커졌다고 믿는다. 이들은 2000년이라고 하면 중세시대가 막을 내린 이후로 인간이 품어온 염원이 완전히 실현되는 사회를 떠올린다. 하지만 서기 2000년이 인류가 자유와 행복을 위해 싸워온 시간의 행복한 정점이 아니라 인간이 더는 인간으로 남지 못하고 생각도, 감정도 없는 기계로 바뀌는 시간의 시작임을 이해하지 못한다.

비인간화된 새로운 사회의 위험을 직관력이 있는 19세기의 지성들도 이미 명확하게 인식하고 있었다는 점이 흥미롭다. 그리고 그들이 반대측 정치 진영의 사람들이었다는 점도 더 인상적이다.+

디즈레일리Benjamin Disraeli 같은 보수주의자나 마르크스 같은 사회주의자 모두 생산과 소비의 걷잡을 수 없는 성장으로 인간에게 가해질 위험에 관해서는 사실상 같은 의견이었다. 두 사람 모두 인간이 기계의 노예가 되고, 탐욕이 점점 늘어나면서 약해질 것이라 보았다. 디즈레일리는 새로운 자본가 계급의 힘을 억누름으로써 해법을 찾을 수 있을 거라 생각했고, 마르크스는 고도의 산업화 사회를 재화가 아니라 인간을 모

+ 《건전한 사회》 184쪽과 그다음에서 인용한 부르크하르트Carl Jacob Christoph Burckhardt, 프루동Pierre-Joseph Proudhon, 보들레르Charles Pierre Baudelaire, 소로Henry David Thoreau, 마르크스, 톨스토이Aleksey Konstantinovich Tolstoy의 진술들 참조

든 사회적 노력의 목표로 삼는 인간적인 사회로 변화시킬 수 있을 것이라 믿었다.[+] 지난 세기 가장 명석한 진보 사상가 중 한 명인 존 스튜어트 밀John Stuart Mill은 이 문제를 명확하게 이해하고 있었다.

솔직히 고백하면 나는 성공을 위해 투쟁하는 것이 인간의 정상적인 상태라고 생각하는 사람들이 말하는 이상적인 삶에 매력을 느끼지 못한다. 기존의 사회생활을 이루고 있는, 서로를 짓밟고 밀쳐내며 싸우는 삶이야말로 가장 바람직한 상태이며, 그것이 산업적 진보의 여러 단계 중 하나에서 나타나는 불쾌한 증상이 절대 아니라고 생각하는 사람들 말이다. (…) 부가 권력이고, 최대한 부유하게 성장하는 것이 야망의 보편적 목적이지만 그 목적을 달성하는 길은 어떤 특혜나 편파성 없이 모두에게 열려 있는 사회가 가장 적합하기는 할 것이다. 하지만 인간 본성에 어울리는 최선의 상태는 아무도 가난하지 않고, 아무도 더 부자가 되려 하지 않고, 앞으로 나가려는 노력이 타인의 노력 때문에 뒤로 밀려나지 않을까 두려워할 이유가 없는 사회다.[++]

백 년 전의 위대한 지성들도 현재나 미래에 일어날 일들을 이미 내

+ 에리히 프롬, 《에리히 프롬, 마르크스를 말하다*Marx's Concept of Man*》, New York: Ungar, 1961, 참조

++ 존 스튜어트 밀, 《정치경제학 원리*Principles of Political Economy*》, London: Longmans, 1929(초판 1848)

다보고 있었건만, 정작 그 일이 눈앞에서 펼쳐지는 것을 목격하고 겪는 당사자인 우리는 마치 일상을 방해받는 것이 싫어서 눈을 감고 있는 것 같다. 이런 점에서는 진보주의자와 보수주의자 모두 똑같이 눈이 멀어 있는 것 같다. 우리가 낳는 괴물을 명확하게 볼 수 있는 시야를 가진 작가가 몇 명 안 되는 것 같다. 이 괴물은 토머스 홉스Thomas Hobbes의 리바이어던Leviathan이 아니라 인간의 목숨조차 제물로 바쳐야 하는, 모든 것을 파괴하는 우상 몰록Moloch이다. 몰록은 조지 오웰과 올더스 헉슬리가, 몇몇 공상과학 작가들이 풍부한 상상력으로 묘사했다. 이 괴물은 이들 작가가 가장 전문성 넘치는 사회학자나 심리학자보다도 더 통찰력 있게 보여주었다. 기술정보화 사회에 관한 브레진스키의 설명은 이미 인용했으니 다음 내용만 추가로 인용하고 싶다.

"대체로 인본주의 지향적이고, 가끔은 이데올로기적 성향을 지닌 지식인 반대자들이 전문가들, 혹은 종합적 통합자generalists-integrator로 급속히 대체되고 있다. 이들은 사실상 권력자를 대신하는 하원의 이론적 지도자house-ideologue가 되어 이질적 행위들에 대해 전체적인 지적 통합을 제공하고 있다."+

+ 즈비그뉴 브레진스키, 〈기술정보화 사회The Technetronic Society〉, 19쪽

우리 시대 가장 훌륭한 인본주의자 중 한 명인 루이스 멈퍼드가 근래에 새로운 사회에 대해 심오하고 훌륭한 그림을 보여주었다.* 미래에도 역사가들이 존재한다면 그의 작품을 우리 시대에 나온 예언적 경고 중 하나로 생각할 것이다. 멈퍼드는 과거에 존재했던 미래의 뿌리를 분석함으로써 미래에 대해 새로운 깊이와 원근감을 부여한다. 그는 과거와 미래를 연결하는 핵심적 현상을 '메가머신'이라 본다.

'메가머신'은 완전히 조직화하고 균질화한 사회체계다. 이런 사회체계 안에서는 사회가 기계처럼 기능하고, 인간은 그 부품처럼 기능한다. 이런 종류의 조직은 완전한 조직화를 통해, 질서, 힘, 예측 가능성 그리고 무엇보다 통제력의 지속적인 증가를 통해 이집트와 메소포타미아 사회 같은 초기 메가머신에서 거의 기적 같은 기술적 성과를 달성하게 된다. 그리고 미래의 기술사회에서는 현대 기술의 도움을 받아 자신을 완전히 표출할 수 있게 된다.

멈퍼드의 메가머신 개념은 최근에 생겨난 현상을 명확히 이해하는 데 도움을 준다. 내가 보기에 현대에 들어 메가머신이 대규모로 처음 사용되었던 경우는 스탈린주의자들의 산업화 시스템 그리고 이 이후로는 중국 공산당에서 사용한 시스템이었던 것 같다. 레닌Lenin Vladimir Ilyich Ulyanov과 트로츠키Leon Trotsky는 여전히 사회주의 혁명이 결국은 마르크스가 상

* 루이스 멈퍼드, 《기계의 신화》

상했던 것처럼 개인의 사회 지배로 이어질 것이라 희망했지만 스탈린은 이렇게 남아 있는 희망마저 배신하고, 그래도 희망을 완전히 포기하지 않았던 사람들을 모두 물리적으로 숙청함으로써 그 배신을 확정 지었다. 스탈린은 영국이나 미국 같은 국가들보다는 한참 수준이 낮을지언정 잘 발달된 산업 부문을 핵으로 삼아 그 위에 메가머신을 구축할 수 있었다. 중국 공산당 지도자들은 처한 상황이 달랐다. 이들에게는 산업의 핵이라 할 만한 것이 없었다. 이들이 가진 자본은 육체적 에너지, 7억 명의 열정과 생각밖에 없었다. 이들은 이런 인적자원의 완벽한 조정을 통해 상대적으로 짧은 시간 안에 서구 수준의 기술 발전을 달성하는 데 필요한 대등한 자본을 축적할 수 있으리라 판단했다. 이런 전면적 조정은 물리력, 개인숭배, 세뇌 등을 통해 달성해야만 한다. 이것은 마르크스가 사회주의 사회의 성립에 필수적인 요소로 내다보았던 자유, 개인주의와는 반대되는 것이다. 하지만 전체주의, 국수주의, 사상 통제 등과 뒤섞여 마르크스의 인본주의적 비전을 해치고 있었지만 적어도 이때까지는 개인 이기주의와 최대 소비를 극복해야 한다는 이상이 중국 시스템의 기본 요소로 남아 있었음을 잊지 말아야 한다.

산업화의 첫 단계와 사회 자체가 거대한 기계가 되고 인간은 그 기계의 살아 있는 부품으로 살아가는 두 번째 산업혁명 사이의 이런 근본적 단절에 관한 통찰이 존재하지만, 이 통찰은 이집트의 메가머신과 20세기 메가머신 사이의 어떤 중요한 차이로 모호해진다. 우선 이집트 메가머신에서는 살아 있는 부품들이 강제로 노동에 나섰다. 죽음이나 굶주림에 대한 노골적 위협이 이집트 노동자들을 강제해서 과제 수행에 나서게 만든 것이다. 반면 오늘날 20세기에는 미국 같은 대부분의 선진 산업국가 노동자들은 안락한 삶을 누린다. 100년 전 사람들로서는 상상할 수조차 없었던 사치스러운 삶으로 보일 수도 있다. 여기에 마르크스의 실수 중 하나가 드러나는데, 이 노동자는 자본주의 사회의 경제적 진보에 참여해서, 그 이익을 함께 나누었기 때문에 이것이 무너지면 그냥 자기를 옭아매던 사슬만 사라지는 것이 아니다.

이 일을 감독하는 관료들은 낡은 메가머신의 엘리트 관료와는 아주 큰 차이가 있다. 이들의 삶은 노동자도 꿈꿀 수 있는 거의 중산층 수준의 삶이다. 이 관료들이 노동자보다 급료는 더 받지만 소비의 차이는 양적인 차이지 질적인 차이가 아니다. 고용인과 노동자는 똑같은 담배를 태우고, 비싼 차가 싼 차보다 더 매끄럽게 달리기는 하지만 비슷하게 생긴 자동차를 탄다. 이들은 모두 같은 영화, 같은 텔레비전 프로그램을 보고, 아내들도 비슷한 냉장고를 사용한다.*

경영 엘리트들은 과거의 경영 엘리트와 비교하면 또 한 가지 측면에서 차이가 난다. 이들은 노동자에게 명령을 내리지만 그 노동자들과 마

* 낙후된 인구 집단은 이런 새로운 삶의 방식에 끼지 못한다는 사실을 위에서 언급한 바 있다.

찬가지로 기계의 부속품에 불과하다. 이들도 공장 노동자들만큼이나 소외되어 있고, 불안하다. 어쩌면 오히려 더 그럴 수도 있다. 이들은 다른 여느 사람과 마찬가지로 지루해하고, 지루함을 해소하기 위해 사용하는 수단도 똑같다. 이들은 과거의 엘리트처럼 문화를 창조하는 집단이 아니다. 이들은 과학과 예술의 발전에 상당한 돈을 쓰지만, 전체 계층으로 보면 이들은 '문화 복지'의 수혜자이면서 그에 못지않게 소비자이기도 하다. 문화 창조 집단은 변두리에 산다. 이들은 창조적인 과학자이고 예술가들이다. 하지만 지금까지 보면 20세기 사회에서 가장 아름다운 꽃송이는 예술의 나무가 아니라 과학의 나무 위에서 자라고 있는 것 같다.

3
현재의
기술사회

그 원칙

기술정보화 사회는 미래의 사회시스템일지 모르지만 아직 여기에 찾아오지는 않았다. 그 사회는 이미 여기 존재하는 것에서 발전해 나올 수 있고, 충분히 많은 수의 사람이 우리가 향하는 추세의 위험을 알아차리고 방향을 틀지 않는 한은 그렇게 될 것이다. 방향을 틀기 위해서는 현재 기술 시스템의 작동방식과 그 시스템이 인간에게 미치는 영향을 자세히 이해할 필요가 있다.

오늘날 이 시스템의 지침 원리는 무엇일까?

이 사회는 그 안에서 일하는 모든 사람의 노력과 생각을 방향 잡아주는 두 가지 원칙으로 프로그램되어 있다. 첫 번째 원칙은 무언가가 기술적으로 **가능한** 일이면 **반드시** 이루어져야 한다는 것이다. 핵무기를 만드는 것이 가능하면 그것이 우리 모두를 파괴하는 것일지라도 만들어야 한다. 달이나 다른 행성으로 여행할 수 있다면 지구 사람들의 충족되지 못한 여러 가지 필요를 희생해서라도 가야 한다. 이러한 원칙은 인본주의적 전통으로 만들어진 모든 가치를 부정한다. 인본주의 전통에서 무언가가 이루어져야 하는 이유는 인간에게 필요한 것이기 때문이고, 인간의 성장, 기쁨, 이성에 필요한 것이기 때문이며 아름답거나, 선하거나, 진실하기 때문이다. 하지만 무언가가 이루어져야 하는 이유가 기술적으로 가능하기 때문이라는 원칙이 받아들여지는 순간, 다른 모든 가치는 그 권위를 잃고, 기술적 발전이 윤리의 토대가 되고 만다.+

두 번째 원칙은 **최대 효율**maximal efficiency과 **최대 출력**maximal output의 원

+ 이 책의 개정판을 준비하는 동안 하산 외즈베칸Hasan Özbekhan의 논문, 〈기술의 승리: '할 수 있다'는 '해야 한다'를 암시한다The Triumph of Technology: 'Can' Implies 'Ought.'〉를 읽었다. MIT에서 한 초청 강연을 정리해서 캘리포니아 산타모니카의 '시스템 디벨롭먼트 코퍼레이션System Development Corporation'이 등사판 인쇄물로 발표한 이 논문을 조지 바인부름George Weinwurm이 내게 보내주었다. 논문의 제목이 말해주듯 외즈베칸은 내가 본문에서 제시한 것과 동일한 개념을 표현하고 있다. 그의 논문은 경영과학 분야의 뛰어난 전문가의 관점에서 이 문제를 훌륭하게 제시하고 있으며, 그와 나처럼 아주 다른 분야의 저자들이 쓴 글에서 동일한 개념이 등장하고 있다는 것이 무척 고무적인 일이라 느낀다. 그의 개념과 내가 본문에서 제시한 개념이 동일한 것임을 보여주는 문장 하나를 인용하겠다. "따라서 실현 가능성feasibility이라는 이상한 개념이 규범적 개념으로 격상되어 우리가 할 수 있다고 말해주는 기술적 실체가 있다면 그것을 우리가 반드시 해야 한다는 암시로 받아들이게 되는 결과를 낳게 됐다."(7쪽)

칙이다. 최대 효율을 요구하자 그 결과로 최소 개성minimal individuality을 요구하게 됐다. 그리하여 개인을 순수하게 수량화할 수 있는 단위로 격하해서 그 성격을 컴퓨터 입력 카드에 표현할 수 있을 정도가 되어야 사회라는 기계가 더 효율적으로 작동한다고 믿게 됐다. 이런 단위는 관료주의적 원칙에 따라 더 쉽게 관리할 수 있다. 말썽을 일으키거나 마찰을 만들어내지 않기 때문이다. 이런 결과를 달성하려면 인간을 반드시 몰개성화해서 자기 자신이 아니라 회사에서 자신의 정체성을 찾도록 교육해야 한다.

경제적 효율성이라는 문제는 신중하게 생각해봐야 할 일이다. 경제적 효율성의 문제, 즉 최소의 자원을 투입해서 최대의 성과를 얻는다는 개념은 역사적, 진화적 맥락에 놓고 생각해봐야 한다. 정말로 물질적 결핍이 삶의 중요한 문제인 사회에서는 분명 중요한 문제다. 하지만 사회의 생산력이 발전하면 그 중요성은 줄어든다.

두 번째로 검토해봐야 할 문제는 효율이란 것이 이미 기존에 이루어지는 활동에 대해서만 평가할 수 있는 요소라는 사실이다. 시도해보지 않은 접근 방식의 효율이나 비효율을 따질 때는 아는 것이 많지 않기 때문에 효율성이라는 측면에서 무언가를 근거로 제시할 때는 반드시 신중해야 한다. 더 나아가 모든 부분을 철저하게 따져봐야 하고, 검토한 영역과 시간을 구체적으로 명시해야 한다. 좁은 정의로는 효율적으로 보이는 활동이 논의의 시간과 영역을 확장하면 대단히 비효율적일 수 있다. 경제학에서는 **인근 효과**neighborhood effect라는 것에 대한 인식이 높아지고 있다. 즉 어떤 일의 효과가 당면한 활동을 넘어서 주변으로 퍼져나가는 데도 그에 따른 이득과 손실을 고려하지 않는 경우가 많다는 것이다. 한 가지 사례를 들어보자면 특정 산업 프로젝트의 효율을 평가할 때 이 사업에 즉각적으로 미치는 영향만 따지고, 근처 개울이나 대기에 축적되는 폐기 물질이 결국에는 지역 공동체에 막대한 비용과 심각한 비효율성을 초래한다는 사실을 잊어버리는 경우다. 따라서 시간과 사회의 이해관계를 전체적으로 고려하는 효율성 평가 기준을 마련할 필요가 있다. 결국 시스템의 효율성을 따질 때는 인간이라는 요소를 기본 요인으로 고려할 필요가 있다.

효율성을 명분으로 하는 비인간화가 너무 흔히 일어나고 있다. 예를 들어 전화교환원이 고객과 나누는 대화를 녹음해서 고객에게 노동자의 실적과 태도에 대해 평가해달라고 요청하는《멋진 신세계》의 기술을 채용한 거대 전화 시스템이 그런 경우다. 모든 것이 직원에게 '적절한' 태도를 주입하고, 서비스를 표준화하고, 효율을 높이는 데 초점이 맞춰져 있다. 회사의 당면 과제라는 좁은 관점에서 보면 이것이 고분고분 말 잘 듣고, 관리하기 쉬운 노동자를 만들어내어 회사의 효율을 높여줄지도 모른다. 하지만 한 명의 인간으로서 직원들의 입장에서 보면 무능감, 불안감, 좌절감 등을 만들어내는 효과를 가져온다. 이는 무관심이나 반감으로 이어질 수도 있다. 더 넓게 보면 효율성을 높이는 효과조차 없을지 모른다. 회사와 사회가 이런 관행에 막대한 비용을 치르고 있기 때문이다.

작업을 조직하는 데 사용되는 또 다른 일반적 관행으로는 판단이나 사람 간의 접촉이 남지 않고, 더는 필요하지 않아질 정도로 작업을 세분화해서 위험이나 불확실한 요소를 비롯한 창조적인 요소와 집단 작업의 요소를 계속 제거해나가는 것이다. 노동자와 기술자도 이런 과정에 절대 둔감하지 않다. 이들의 좌절이 생생하게 느껴지는 경우도 많아서, "우리는 인간이다", "인간에게 적합한 노동이 아니다"라는 말이 드물지 않게 터져 나온다. 이런 경우에도 역시 협소한 의미의 효율성은 개인적, 사회적 차원에서 사기를 저하하고 비용을 발생시킬 수 있다.

입력-출력이라는 수치만 따지면 시스템이 효율적으로 돌아가고 있다는 인상을 줄 수도 있다. 하지만 주어진 방식이 시스템에 속한 사람들에게 어떤 영향을 미치는지 고려해보면 그 사람들이 지겨움, 불안, 우울, 긴장감을 느끼고 있다는 사실을 발견하게 될지도 모른다. 그럼 그 결과는 두 가지로 나타나게 된다.

(1) 심리적 병폐 때문에 상상력의 두 발이 묶여 창의력이 떨어지게 되고, 사고방식도 판에 박혀 관료화되고, 시스템이 더욱 생산적으로 발전하는 데 기여할 새로운 아이디어나 해법을 생각해내지도 못할 것이다. 그리고 전체적으로는 에너지가 상당히 저하될 것이다.

(2) 다양한 육체적 질병을 앓게 될 것이다. 이는 스트레스와 긴장에 따른 결과다. 이러한 건강의 상실은 시스템의 상실이기도 하다. 나아가 이

런 긴장과 불안이 아내, 자녀와의 관계에 어떤 영향을 미치는지, 책임감 있는 시민으로서 기능하는 데 어떤 영향을 미치는지 조사해보면 당장은 효율적으로 보이는 방법이 시스템 전체로 보면 가장 비효율적인 방법으로 드러날 수도 있다. 개인뿐만 아니라 경제적 기준으로만 봐도 말이다.

요약하면, 종류를 막론하고 의도를 가지고 하는 활동이라면 효율성이 높아야 좋다. 하지만 효율성은 조사 대상 시스템이 속한 더 큰 시스템의 측면에서 조사해야 한다. 그리고 그 시스템 안에 포함된 인간이라는 요인을 고려해야 한다. 결국 어떤 기업이든 흔히 말하는 의미의 효율성이 **지배적인** 규범이 되어서는 안 된다.

동일한 원칙의 또 다른 측면인 **최대 출력의** 원칙을 아주 간단하게 표현하면 무엇을 생산하든 많이 생산할수록 좋다는 원칙이다. 한 국가의 경제적 성공은 총생산량의 증가로 측정한다. 회사의 성공도 마찬가지다. 자동차 회사 포드Ford는 에드셀Edsel 같이 돈이 많이 들어간 새 자동차 모델이 실패하면 수억 달러를 손해 볼 수 있지만, 그래도 생산량 그래프가 우상향이기만 하면 이것은 경미한 사고에 불과하다. 경제의 성장은 끝없이 증가하는 생산량이라는 측면에서 시각화되고, 한계를 두어 생산량을 안정화해야 한다는 비전은 아직 나오지 않고 있다. 국가 간의 비교도 동일한 원칙에 기반하고 있다. 소련 역시 더욱 급속한 경제 성장으로 미국을 앞지르고 싶어 한다.

산업 생산만 연속적이고 무제한적인 가속이라는 원칙에 지배받는 것이 아니다. 교육 시스템도 동일한 기준을 적용하고 있어서 대졸자가 많을수록 좋다. 스포츠도 마찬가지여서 새로운 기록이 나올 때마다 진보라 여긴다. 심지어는 날씨를 바라보는 태도도 동일한 원칙으로 결정되는 것 같다. 일기예보를 보면 수십 년 만에 가장 더운 날, 혹은 가장 추운 날이라는 것을 강조한다. 어떤 사람은 자기가 기록적인 온도를 목격하고 있다는 뿌듯함에 날씨로 겪는 불편을 오히려 편안하게 느끼는 것이 아닌지 의심스러워지기도 한다. 양의 지속적인 증가가 인생의 목표라는 개념을 보여주는 사례는 끝도 없이 열거할 수 있다. 사실 그런 양적 증가가 바로 우리가 말하는 '진보'의 의미다.

양적 증가가 과연 **좋은 것인지**, 혹은 이 양적 증가가 대체 무엇에 좋은 것인지 의문을 제기하는 사람이 거의 없다. 더는 인간을 중심에 두지 않는 사회에서는 이런 부분을 간과하는 모습이 더 분명하게 드러난다. 양이라는 한 측면이 나머지 모든 측면의 목을 조르기 때문이다. '많을수록 좋다'라는 이 원칙이 지배하면 시스템 전체의 불균형으로 이어진다는 것은 어렵지 않게 이해할 수 있다. 모든 노력이 그저 무언가를 더 많이 하는 쪽에 집중된다면 삶의 질은 그 중요성을 모두 상실하고, 한때는 수단에 불과했던 활동이 목적이 되어버린다.[+]

+ 찰스 웨스트 처치먼Charles West Churchman의 《이성으로의 도전*Challenge to*

만약 점점 더 많이 생산하는 것이 가장 중요한 경제적 원리라면 소비자 역시 점점 더 많은 것을 원할 준비, 즉 소비할 준비가 되어 있어야 한다. 산업계는 소비자들이 자발적으로 더 많은 재화를 원할 때까지 기다리지 않는다. 산업계는 구식화obsolescence를 통해 소비자가 훨씬 더 오래 쓸 수 있는 물건을 놔두고 새로운 물건을 구입하도록 강요한다. 제품, 의류, 내구성 좋은 제품, 심지어는 식품까지도 스타일에 변화를 줌으로써 자기가 원하거나 자기에게 필요한 것보다 더 많은 것을 사도록 심리적으로

Reason》(New York: McGraw-Hill, 1968)이 이 문제를 훌륭하게 나타내고 있다고 생각한다.

"'더욱더 많이' 시스템 모형의 개념을 조사해보면 완전성completeness이 어떤 의미에서 이성으로의 도전을 나타내는지 이해할 수 있다. 완전성의 좋은 후보로 보이는 모형이 하나 있다. '배분 모형allocation model'이다. 이 모형에서는 세상을 자원을 이용해서 쓸 만한 제품을 출력하는 활동 시스템으로 본다.

이 모형에서 이성을 이용해 추론하는 과정은 아주 단순하다. 시스템의 성과를 양적으로 측정할 수 있는 핵심 지표를 찾는다. 이 지표는 '양이 많을수록 좋다'라는 특성이 있어야 한다. 예를 들면 영화는 수익이 많을수록 좋다. 대학은 자격을 갖춘 학생들을 더 많이 졸업시킬수록 좋다. 식품은 많이 생산할수록 좋다. 시스템의 성과를 측정하는 값으로 무엇을 선택할지는 중요하지 않다. 일반적인 관심사를 측정한 것이기만 하면 말이다.

우리는 이 바람직한 성과 측정 지표를 가지고 그 시스템의 실현 가능한 활동과 연계시킨다. 이 활동은 다양한 생산 공장을 운영하는 것일 수도 있고, 학교나 대학, 혹은 농장 등을 운영하는 것일 수도 있다. 각각의 유의미한 활동은 우리가 파악할 수 있는 어떤 방식을 통해 바람직한 양에 기여한다. 사실 이런 기여는 활동의 양을 바람직한 양과 연결하는 수학 함수로 표현할 수 있는 경우가 많다. 특정 제품의 판매량이 많을수록, 영화의 수익이 많을수록, 더 많은 과목을 가르칠수록, 졸업생을 더 많이 배출할수록, 더 많은 비료를 이용할수록, 더 많은 식량을 생산할수록 좋다."(156~157쪽)

강요한다. 하지만 산업계는 생산량을 빨리 늘려야 하므로 소비자가 필요성이나 욕구를 느낄 때까지 마냥 기다리지 않고 광고에 크게 의존한다. 광고는 자기가 원하는 것이 무엇인지 알고자 하는 소비자의 권리를 위협하는 가장 중요한 공격이다. 1966년에는 신문, 잡지, 라디오, TV 등을 통해 직접적으로 광고를 하는 데만 165억 달러가 지출됐다. 인간의 재능과 종이와 잉크를 너무 비합리적으로 낭비하는 것으로 보인다. 하지만 생산을 늘리고, 따라서 소비를 늘리는 것이 우리 경제 시스템의 필수적 요소라 믿는 시스템에서는 이런 행위가 결코 비합리적인 일이 아니다. 생산과 소비의 증가가 없으면 시스템은 붕괴할 것이기 때문이다. 이런 광고비용에 차처럼 내구성 좋은 제품을 새로 스타일링하는 데 들어가는 비용과 소비자의 욕구를 자극하는 또 다른 방법인 포장에 들어가는 비용까지 더했을 때 산업계가 생산량과 판매량을 늘릴 수 있다는 보장만 있으면 아무리 비싼 비용도 기꺼이 지불하려 든다는 것이 분명해진다.⁺

우리의 생활방식의 변화로 경제에 일어나게 될 일에 대한 산업계의 불안은 선도적인 투자은행 경영진의 짧은 인용문에 잘 표현되어 있다.

"의복은 유용성을 따져서 구입이 이루어질 것이고, 음식은 경제적인 측면과 영양학적 가치를 바탕으로 구입이 이루어질 것이다. 자동차는

⁺ 생산량과 소비량의 무제한적인 상승이 경제의 필수 요소인지 여부에 관한 문제는 5장에서 다룬다.

본질적으로 필요한 요소들만 남고, 사용 가능 연한인 10년에서 15년 정도를 꽉 채워서 동일한 소유자가 소유하게 될 것이다. 집은 스타일이나 동네 같은 것을 고려하지 않고 보금자리로서 특성만을 유지할 수 있게 지어질 것이다. 그럼 새로운 모델, 새로운 스타일, 새로운 아이디어에 의존해온 시장에 무슨 일이 일어나겠는가?"[+]

사람에게 미치는 영향

이런 유형의 조직화가 인간에게 미치는 영향은 무엇일까? 인간을 기계의 리듬과 요구에 종속된, 기계의 부속물로 격하시킨다. 그리고 인간을 오직 더 많은 것을 **갖고**, 더 많은 것을 **사용하는** 것이 목표인 **호모 컨슈멘스**Homo consumens로 바꾸어놓는다. 이런 사회는 쓸모없는 것들을 많이 생산해내고, 또 쓸모없는 인간도 그만큼 많이 만들어낸다. 생산 기계의 톱니바퀴에 불과한 인간은 더는 인간이기를 포기하고 하나의 대상으로 변질된다. 그는 관심도 없는 일을, 관심도 없는 사람과 함께하며 시간을 보내고, 자신은 관심도 없는 것들을 생산해낸다. 그리고 생산하지 않는 동안에는 소비를 한다. 인간은 아무런 노력도 들이지 않고, 아무런 내부

+ 폴 메이저Paul Mazur, 《우리가 올리는 수준*The Standards We Raise*》, New York, 1953, 32쪽

의 활력도 없이 담배, 술, 영화, 텔레비전, 스포츠, 강의 등 지겨움 방지 산업(그리고 지겨움 생산 산업)이 강요하는 것은 무엇이든 입을 열고 받아먹는 존재가 된다. 이를 막는 것은 오직 주머니 사정뿐이다. 하지만 가전제품 판매 산업, 자동차 산업, 영화 산업, 텔레비전 산업 등 지겨움 방지 산업들은 지겨움이 의식으로 떠오르는 것을 막아야만 성공을 거둘 수 있다. 갈증을 해소하기 위해 마시는 짭짤한 음료수가 결국에는 더 갈증을 느끼게 만드는 것처럼 지겨움 방지 산업들도 사실은 지겨움을 더 키운다. 아무리 무의식적인 것이라도 지겨움은 그대로 지겨움으로 남는다.

마르크스는 소비가 증가했을 때 생기는 영향을 가장 분명하게 인식하고 있었다. 그의 《경제학 및 철학 원고*Economic and Philosophical Manuscripts*》(1844)에 나오는 글에서 이를 확인할 수 있다.

> "쓸모 있는 것을 너무 많이 만들어내면 **쓸모없는** 인간이 너무 많아지는 결과를 낳는다."
>
> "기계는 나약한 인간을 기계로 바꾸기 위해 인간의 나약함에 맞춰 조정되어 있다."
>
> "(사유재산의 시스템 안에서) 모든 인간은 다른 사람에게 **새로운** 필요를 불러일으켜 그를 새로운 제물로 삼고, 그에게 새로운 의존성을 갖게 하고, 그를 새로운 종류의 쾌락으로 유혹해서 경제적으로 망쳐놓을 궁리를 하게 된다. 따라서 사물이 많아짐에 따라 인간

이 종속되는 낯선 존재의 영역도 함께 늘어난다. 새로 나오는 모든 생산품은 사기와 약탈의 잠재력을 새로이 갖게 된다. 그리고 인간은 인간으로서 점점 가난해진다."

산업사회에서 인간의 수동성은 가장 특징적이고 병적인 특성 중 하나다. 그는 먹을 것을 받아들이고, 먹기를 원하지만, 움직이지도, 무언가를 시작하지도, 소화하지도 않는다. 그가 물려받은 것은 생산적인 방식으로 다시 획득한 것이 아니지만 그는 그것을 모으거나 소비하기만 한다. 그는 심각한 전신 결핍을 앓고 있다. 이것은 우울증에 걸린 사람에게 보이는 극단적인 형태와 그리 다르지 않다.

인간의 수동성은 전체 증후군의 한 가지 증상에 불과하다. 이 증후군을 '소외 증후군syndrome of alienation'이라 불러도 될 것 같다. 수동적인 인간이기 때문에 세상과 능동적으로 관계를 맺으려 하지 않고 자신의 우상이나 그 우상의 요구에 굴복한다. 그래서 무기력하고, 외롭고, 불안한 기분을 느낀다. 그리고 진실성이나 자아정체성도 거의 없다. 참을 수 없는 불안을 피할 방법은 순응밖에 없어 보이는데, 순응마저도 불안을 해소하는 데 항상 효과가 있지는 않다.

미국의 작가 중에 이 역본설dynamism을 소스타인 베블런Thorstein Bunde Veblen만큼 분명하게 인식했던 사람은 없다. 그는 이렇게 적었다.

영국 경제학자에게서 나온 것이든, 유럽 대륙에서 나온 것이든 지금까지 받아본 경제이론을 보면 조사가 이루어진 인간 관련 자료는 모두 쾌락주의적 관점에서 다루어지고 있다. 즉, 수동적이고 상당히 불활성화된 불변의 인간 본성에 관해서만 이야기한다는 의미다. (…) 인간을 쾌락주의적으로 바라본다는 것은 쾌락과 고통을 번갯불처럼 빠르게 계산하는 존재로 바라본다는 의미다. 그 사람은 자기를 영역 여기저기로 움직이게 만들면서도 온전하게 보존해주는 충동적 자극 아래에서 행복이라는 욕망의 균질한 구체球體처럼 진동한다. 그 사람에게는 선행 사건도 결과도 없다. 그는 그를 이 방향 아니면 저 방향으로 움직이게 만드는 힘만 아니면 안정적인 평형 상태에서 고립되고, 확정되어 있는 인간 데이터다. 자연 공간에 자진해서 들어간 그는 힘이 그에게로 접근해올 때까지 자신의 영적 축을 중심으로 대칭적으로 회전한다. 그리고 그 힘이 닥쳐오면 그는 그 결과로 생겨난 선을 따라간다. 그리고 그 힘의 충격이 다하고 나면 그 전처럼 욕망의 자족적인 구체로서 휴식을 취한다. 영적으로 보면 쾌락주의적 인간은 원동력prime mover이 아니다. **그는 자기에게 낯선 외부의 환경이 주는 일련의 변화에 종속되어 있을 뿐 생명 과정이 펼쳐지는 자리가 아니다.**[+]

[+] 〈경제학이 진화의 과학이 아닌 이유Why Is Economics Not an Evolutionary Science?〉, 《현대 문명에서 과학의 지위 그리고 다른 평론들*The Place of Science in Modern Civilization and Other Essays*》, New York: B. W Huebsch, 1919, 73쪽

수동성에 뿌리를 두고 있는 병적인 특성 말고도 오늘날의 병적인 정상상태를 이해하는 데 중요한 다른 특성들이 존재한다. 지적 기능이 감정적 경험과 점차 분리되고 있는 것을 말한다. 생각과 느낌의 분리, 이성과 마음의 분리, 진실과 열정의 분리 말이다.

논리적 사고가 생명에 관한 관심을 지침으로 삼지 않고, 생명의 전체적 과정에 대해 구체적인 부분과 모순되는 부분까지 모두 탐구하지 않고 그저 논리만을 추구해서는 합리적일 수 없다.+ 반면 생각만 하는 것이 아니라 감정까지 더해지면 합리적이라 할 수 있다. 파스칼은 이렇게 말했다. "마음은 이성reason이 알지 못하는 이유reasons가 있다." 감정이 있는 삶에서 합리성이란 사람의 정신 구조를 지지하고 도와 조화로운 균형을 유지하게 하면서 동시에 그 성장을 돕는 것을 의미한다. 따라서 비합리적인 사랑이란 사람의 의존성을 강화하여 불안과 적대감을 키우는 사랑이고, 합리적인 사랑은 사람과 사람을 긴밀하게 이어주면서 동시에 그 사람의 독립성과 진실성을 보존해주는 사랑을 말한다.

이성은 합리적인 사고와 감정의 조합에서 흘러나온다. 이 두 가지 기능이 서로 분리되면 사고는 조현병 같은 지적 활동으로 악화하고 감정은 신경증적으로 삶을 위험에 빠뜨리는 열정으로 악화한다.

+ 편집증적 사고의 특성은 완전히 논리적이지만 현실에 관한 관심이나 구체적인 탐구가 없다는 것이다. 바꿔 말하면 논리는 광기를 배제하지 않는다.

사고와 감정의 분리는 가벼운 수준의 만성 조현병으로 이어진다. 기술정보화 시대의 새로운 인간들이 앓기 시작했다. 사회과학 분야에서는 인간의 문제에 대해 생각할 때 이런 문제와 연관된 느낌에 대해서는 언급하지 않는 것이 유행이 됐다. 마치 과학적 객관성을 위해서는 인간에 관한 사고나 이론에서 인간에 대한 모든 감정적 고려를 배제해야 하는 것처럼 가정한다.

이런 감정 배제 사고방식의 한 사례가 핵전쟁에 관한 허먼 칸의 책이다. 이 책에서는 이런 문제에 대해서 논의하고 있다. 핵전쟁 이후에 짧은 시간 안에 그 이전만큼 좋거나 더 나은 상태로 경제 기구를 구축할 수 있는 능력을 기준 삼는다면 미국인의 사망을 몇백만 명까지 '용인'할 수 있을까? 이런 사고방식에서는 국민총생산(GNP) 수치나 인구의 증가나 감소를 나타내는 수치들이 기본 범주가 된다. 반면 핵전쟁이 인간에게 미치는 고통, 잔혹함 같은 인간적 결과에 대한 의문은 배제된다.

칸의 《서기 2000년*The Year 2000*》은 완전히 소외된 메가머신 사회를 예상할 수 있는 또 다른 저술 사례다. 칸의 관심사는 생산 관련 수치, 인구 증가, 경우에 따른 전쟁이나 평화의 다양한 시나리오들이다. 그가 독자들에게 깊은 인상을 남기는 이유는 그가 수천 가지 소소한 데이터들을 결합해서 형형색색으로 변화하는 만화경 같은 그림을 그려내면 독자들은 그 자료가 그의 박식함과 심오함을 보여준다고 착각하기 때문이다. 그의 추론이 피상적이고, 미래에 대한 그의 묘사에 인간적인 차원이 결여됐음을 독자들은 알아차리지 못한다.

내가 가벼운 수준의 만성 조현병이라는 말을 했는데 여기에 대해 간단한 설명이 필요할 것 같다. 조현병은 다른 정신병적 상태와 마찬가지로 정신의학적 측면에서만이 아니라 사회적 측면에서도 정의해야 한다. 어떤 역치를 넘어선 조현병 경험은 어느 사회에서든 질병으로 여긴다. 그 병을 앓는 사람들은 어떤 사회적 상황에서도 기능을 할 수 없기 때문이다(조현병이 신, 샤먼, 성자, 사제의 지위로 격상된 상태가 아닌 한). 하지만 수백만 명이 공유하면서도 어떤 역치를 넘어서지는 않았기 때문에 그것을 앓고 있는 사람도 사회적으로 기능하는 데 문제가 생기지 않는 만성적 형태로 경미한 수준의 정신질환이 존재한다. 이들이 이 질병을 수백만 명과 함께 겪고 있는 한, 이들은 혼자가 아니라는 만족감을 느낀다. 바꿔 말하면 본격적인 정신질환에서 전형적으로 나타나는 특징인 완전한 고립감을 피할 수 있다는 말이다. 반면, 이들은 자신을 정상이라 여기고, 마음과 이성 사이의 연결고리를 잃지 않은 사람을 오히려 '미쳤다'고 생각할 수 있다. 모든 경미한 수준의 정신질환에서는 질병의 정의가 그 질병을 사람들이 공유하느냐, 아니냐의 문제에 달려 있기 때문이다. 경미한 만성 조현병이 존재하는 것처럼 경미한 만성 편집증과 우울증도 존재한다. 그리고 어떤 인구 계층에서는, 특히 전쟁의 위협이 존재하는 상황에서는 편집증적인 요소가 높아지지만 편집증적 증상이 흔하게 보이는 한은 병적인 상태로 느끼지 않는다는 증거가 많이 나와 있다.+

기술적 진보를 최고의 가치로 여기는 이런 성향은 지능에 대한 과도한 강조와도 관련이 있지만 가장 중요한 이유는 기계적인 것, 살아 있지 않은 모든 것, 인간이 만든 모든 것에 감정적으로 깊이 이끌리는 것이다. 살아 있지 않은 것에 이처럼 이끌리는 것은 더욱 극단적인 형태인 죽음과 부패에 대한 끌림(시체 애호증necrophilia)으로 나타나기도 하는데, '생명을 숭배하는 것' 대신 죽음에 끌리는 것보다는 덜 극단적인 형태인 생명에 대한 무관심으로 이어지기도 한다. 살아 있지 않은 것에 끌리는 사람들은 살아 있는 구조보다는 '법과 질서'를 선호하고, 자발적 방법보다는 관료주의적 방법을, 생명체보다는 가전제품을, 독창성보다는 반복을, 활기찬 것보다는 깔끔함을, 지출보다는 비축을 선호한다. 이들은 생명의 통제 불가능한 자발성을 두려워하기 때문에 생명을 통제하기를 원한다. 이들은 자신을 생명에 노출해서 주변의 세상과 합쳐지기보다는 생명을 죽이려 든다. 이들은 생명에 뿌리를 두지 않았기 때문에 종종 죽음과

✣ 다음 사례를 보면 질병으로 여기는 것과 정상으로 여기는 것 사이의 차이가 분명하게 드러난다. 만약 어떤 사람이 우리 도시를 대기오염에서 해방시키기 위해 공장, 자동차, 비행기 등을 싹 다 파괴해야 한다고 주장하면 그가 미친 사람이라는 데 아무도 의심하지 않을 것이다. 하지만 우리, 혹은 우리가 지켜주어야 한다고 느끼는 다른 국가의 생명, 자유, 문화를 지키기 위해서는 핵전쟁도 최후의 수단으로 고려해야 한다는 공감대가 형성되어 있다면 그런 의견은 완전히 제정신에서 나온 이야기로 느껴진다. 여기서 차이는 생각의 종류가 아니다. 다만 첫 번째 개념은 사람들이 공유하지 않기 때문에 비정상으로 들리고, 두 번째 개념은 수백만 명의 사람과 강대국 정부들이 공유하기 때문에 정상으로 보이는 것뿐이다.

도박을 벌인다. 이들에게 용기란 죽을 수 있는 용기를 의미하며, 이들에게 궁극의 용기를 보여주는 상징은 러시안룰렛이다.[+] 우리의 자동차 사고 발생 비율과 핵전쟁 준비는 우리가 죽음과 기꺼이 도박을 벌일 준비가 되어 있다는 증거다. 누구라도 결국에는 활기를 찾아볼 수 없는 조직 순응자의 지겨운 삶보다는 이 짜릿한 도박을 더 선호하게 되지 않을까?

기계적인 것에 끌리는 것에서 나타나는 한 가지 징후로 생각, 느낌 혹은 다른 어떤 기능적 측면에서 인간과 다르지 않은 컴퓨터를 만드는 것이 가능해지리라는 아이디어가 일부 과학자와 대중 사이에서 점차 인기를 얻고 있다.[++] 내가 보기에 가장 큰 문제는 그런 컴퓨터-인간이 만들어질 수 있는지 여부가 아니라, 기존의 인간을 더 합리적이고, 조화롭고, 평화를 사랑하는 존재로 바꾸는 것보다 중요한 일이 없어 보이는 이 역사적인 시기에 어째서 그런 아이디어가 인기를 끌고 있느냐는 것이다. 컴

+ 마이클 매코비는 해석적 설문interpretative questionnaire을 적용해서 다양한 인구층에서 생명 사랑 증후군과 죽음 사랑 증후군의 발생 정도를 보여주었다. 다음의 자료를 참고하라. 〈정치적 선택과 관련된 정서적 태도 조사Polling Emotional Attitudes in Relation to Political Choices〉(출간 예정, 1972년 《정치학과 사회*Politics and Society*》에 게재)

++ 예를 들면 딘 울드리지Dean E. Wooldridge는 《기계 인간Mechanical Man》(New York: McGraw-Hill, 1968)에서 쓰기를 "일반적인 방식으로 만들어지는 인간과 완전히 구분 불가능한" 컴퓨터를 합성해서 만들 수 있게 될 것이라고 했다.(172쪽) 컴퓨터의 권위자인 마빈 민스키Marvin L. Minsky는 자신의 책, 《컴퓨테이션*Computation*》(Englewood Cliffs, N.J.: Prentice-Hall, 1967)에서 이렇게 적었다. "기계가 인간에게는 없는 어떤 한계를 갖고 있을 거라 생각할 이유가 없다."(VII쪽)

퓨터-인간 아이디어에 대한 끌림이 생명으로부터, 인간적 경험에서 벗어나 기계적이고 순수하게 지적인 영역으로 도피하고 싶은 마음의 표현이라는 의심을 하지 않을 수 없다.

우리가 인간과 비슷한 로봇을 만들 수 있는 가능성은 있다 해도 미래의 일이다. 하지만 로봇처럼 행동하는 인간은 벌써부터 보인다. 인간 대다수가 로봇 같아지면 인간과 비슷한 로봇을 만드는 데 아무 문제가 없을 것이다. 인간과 비슷한 컴퓨터를 만들겠다는 아이디어는 기계를 인간적으로 사용하는 것과 비인간적으로 사용하는 것 사이의 선택을 보여주는 훌륭한 사례다. 컴퓨터는 여러 측면에서 삶의 질 향상에 사용될 수 있다. 하지만 컴퓨터가 인간과 생명을 대체한다는 아이디어는 오늘날의 병폐가 발현되고 있다.

단순히 기계적인 것에 끌리는 현상에 힘을 보태는 또 다른 현상이 있다. 인간의 동물적 본성을 강조하고, 인간의 감정이나 행동이 본능에 뿌리를 두고 있음을 강조하는 개념이 인기를 끄는 것이다. 프로이트 심리학이 그렇게 본능을 강조하는 심리학이다. 하지만 그의 성욕libido 개념의 중요성은 깨어 있는 동안이나 자는 동안에 일어나는 무의식 과정에 대한 근본적 발견에 비하면 부차적이다. 콘라트 로렌츠Konrad Lorenz(《공격성에 관하여*On Aggression*》)나 데스몬드 모리스Desmond Morris (《털 없는 원숭이*The Naked Ape*》) 등 동물로부터 물려받은 본능을 강조해서 최근에 큰 인기를 끈 저자들은 프로이트처럼 구체적인 인간의 문제에 관해 새롭거나 가치 있는 통찰을 보여준 것이 없다. 자기 행동이 본능에 따라 결정된다고 하며 자신의 성가신 인간적 문제를 감추고 싶어 하는 많은 사람의 소망을 충족시켜줄 뿐이다.[+] 많은 사람이 영장류의 감정을 뇌와 비슷한 컴퓨터와 결합하는 꿈을 꾸고 있는 것 같다. 이 꿈을 이룰 수 있다면 인간의 자유와 책임에 관한 문제는 사라질 것 같다. 인간의 감정은 본능에 따라 결정될 것이고, 이성은 컴퓨터가 결정할 테니까 말이다. 인간은 자신의 존재가 자기에게 던지는 질문에 대답할 필요가 없을 것이다. 이런 꿈을 좋아하든 말든, 그 꿈을 실현하기는 불가능하다. 컴퓨터 두뇌를 가진 털 없는 원숭이는 이제 더는 아니, 애초에 인간이라 할 수 없을 테니까 말이다.[++]

기술사회가 인간에게 미치는 병적 효과 중에서 두 가지를 더 언급하

+ 로렌츠에 대한 이러한 비판은 인간의 심리적 문제를 비유로써 다룬 부분에 관한 것이지, 동물의 행동 및 본능 이론에 관한 그의 연구를 비판하는 것은 아니다.

++ 개정판을 준비하면서 루이스 멈퍼드가 1954년에 《분별이라는 이름으로*In the Name of Sanity*》(New York: Harcourt, Brace and Co.)에서 똑같은 생각을 표현했었다는 것을 알게 됐다. "그리하여 현대인은 지금 비극의 마지막에 다가가고 있다. 그리고 나는 종말 혹은 그 무서움을 숨기려 해도 숨길 수가 없다. 우리는 자동장치automaton와 무의식의 심연에서 올라온 이드id가 긴밀한 파트너로 결합하는 것을 목격하고, 기계 비슷한 생각하는 자와 인간 비슷한 기계인 자동장치가 의식적 사고의 정점에서 내려와 다른 생명 유지 기능과 인간의 반응에서 분리되는 것을 목격했다. 첫 번째 힘은 온전한 인격으로부터 풀려났을 때는 가장 포악한 맹수보다도 더 잔인한 것으로 입증됐다. 두 번째 힘은 문명뿐만 아니라 과학도 파멸로 내몰고 있으면서도 인간의 감정, 인간의 불안, 인간의 목적에 전혀 흔들리지 않고, 원래 자신의 기관에 부과된 제한된 질문에만 답하도록 설계되어 자신의 강박적 메커니즘을 중단할 수 있는 지능이 결여되어 있다."(198쪽)

고 넘어가야겠다. **사생활** 실종과 **개인 간의 인간적 접촉**의 실종이다.

'사생활privacy'은 복잡한 개념이다. 사생활은 중산층과 상류층의 특권이었고, 지금도 그렇다. 기본적으로 사적인 공간 자체가 대단히 비싸기 때문이다. 하지만 이 특권이 다른 경제적 특권과 함께 공유재산이 될 수 있다. 사생활은 이런 경제적 요인 말고도 **내** 집 및 다른 재산들과 마찬가지로 **내** 개인 생활은 **내 것**이지 다른 사람의 것이 아니라는 비축 성향에도 기반하고 있다. 사생활 또한 종교적 **위선,** 도덕적 외양과 현실 사이의 불일치에 수반되는 것이기도 했다. 하지만 이 모든 단서를 달아도 사생활은 여전히 인간의 생산적인 발달을 위한 중요한 조건으로 보인다. 우선 사생활은 마음을 가라앉히고 사람들의 수다와 사생활 침해에서 오는 끝없는 '잡음'에서 자유로워지는 데 필요하다. 이런 것들이 사람의 정신 과정을 방해하기 때문이다. 모든 사적인 데이터가 공적인 데이터로 전환된다면 사람들의 경험이 얕아지고 다 비슷비슷해질 것이다. 사람들은 무언가 '옳지 못한 것'을 느끼는 것을 두려워할 것이고, 심리적으로 조작하기도 더 쉬워질 것이다. 심리적 조작은 심리검사를 통해 '바람직하고', '정상적이고', '건강한' 태도에 대한 규범을 세우려 할 것이다. 이런 심리검사들이 회사나 정부 기관이 '최고의' 태도를 가진 사람을 찾도록 돕기 위해 적용하는 것임을 고려하면, 이제는 좋은 직장을 구하기 위해서는 거의 보편적인 조건이 되어버린 심리검사가 시민의 자유를 심각하게 침해하고 있다. 안타깝게도 많은 심리학자가 자기가 알고 있는 인간에 대한 지식을 큰 조직에서 생각하는 효율성의 관점에서 인간을 조작하는 데 쏟고 있다. 따라서 심리학자들은 자신의 활동이 인간이 최적으로 발달할 수 있도록 봉사하고 있다고 주장하고는 있지만 사실 산업 시스템과 정부 시스템의 중요한 부분이 되고 있다. 이들의 주장은 회사에 좋은 것은 인간에게도 좋은 것이라는 합리화를 바탕으로 한다. 경영인들은 심리검사를 통해 얻는 것 중 상당수가 인간에 대한 아주 제한적인 그림을 바탕으로 나온 것임을 이해해야 한다. 이 경우 사실은 경영상의 요구사항이 심리학자들에게 전달되고, 심리학자들은 인간에 관한 독립적인 연구를 바탕으로 나온 것이라 주장하며 그 결과를 다시 경영진에게 돌려준다. 사생활 침해가 개인에 대한 더욱 총체적인 통제로 이어질 수 있으며, 지금까지 전체주의 국가가 보여주었던 것보다 더 파괴적인 결과를 낳을 수 있음을 두말할 필요도 없다. 조지 오웰의《1984》가 현실이 되려면 심리검사를 하고, 조건화conditioning하고, 문제를 제거해주는 심리학자들의 도움이 많이 필요할 것이다. 인간의 행복을 이해하고 그것을 목적으로 하는 심리학과 인간을 기술사회에 더 쓸모 있는 존재로 만들기 위해 대상화하는 심리학을 구분하는 것이 정말로 중요하다.

확실성의 필요성

지금까지 논의에서 현재 사회에서 인간의 행동을 이해하는 데 가장 중요한 요인 중 하나를 빠뜨렸다. 인간은 **확실성**certainty이 필요하다. 인간은 자신의 행동을 반자동으로 조절해주는 일련의 본능으로 무장하지 못했다. 그래서 인간은 선택에 직면하게 된다. 이는 정말로 중요한 문제에서는 만약 잘못된 선택을 할 경우 자신의 목숨에도 심각한 위험을 초래할 수 있다는 의미다. 무언가를 결정해야 하는 순간이 오면 의심이 그 사람을 괴롭힌다. 그리고 그 의심은 고통스러운 긴장을 유발해서 심지어는 신속한 결정을 내릴 능력을 심각하게 저해할 수도 있다. 그 결과 인간은 확실성에 대한 필요성을 강하게 느낀다. 그는 자기가 결정을 내리기 위해 사용한 방법이 옳았음을 의심할 필요가 없다고 믿고 싶어 한다. 사실 인간은 '올바른' 결정을 내리고 과연 옳은 결정이었나 의심으로 고통스러워하느니 차라리 '잘못된' 결정을 내리고 그 선택을 확신하는 쪽을 선택할 것이다. 이것이 바로 사람이 우상이나 정치지도자를 믿는 심리적 이유 중 하나다. 우상이나 정치지도자는 사람이 의사결정에서 의심과 위험을 지워주기 때문이다. 하지만 결정을 내린 **후에** 그 사람의 목숨, 자유 등에 대한 위험이 사라진다는 의미는 아니다. 다만 그가 결정을 내리는 **방법**이 틀렸을 위험이 없다는 의미다.

여러 세기 동안 확실성을 보장해준 것은 신이라는 개념이었다. 전지전능한 신은 세상을 창조했을 뿐만 아니라 그 무엇도 의심할 여지가 없는 행동의 원칙도 알려주었다. 교회는 이런 원칙을 구체적으로 '해석'했고, 교회의 규칙을 따름으로써 교회에서 자신의 자리를 안전하게 확보한 개인은 무슨 일이 일어나든 자신은 구원을 받아 천국에서 영생을 누리는 길을 따라가고 있다고 확신할 수 있었다.[+]

과학적 접근이 시작되고 종교적 확실성이 침식되면서 인간은 새로운 확실성을 찾아 나서야 했다. 처음에는 과학이 확실성의 새로운 근거를 마련해줄 수 있을 것 같았다. 지난 세기의 합리적 인간에게는 그랬다. 하지만 삶이 인간적인 부분을 모두 상실하고 점점 복잡해지고, 개인은 점점 무기력과 고립감을 느끼게 되면서 과학 지향적인 인간은 이제 합리적이고, 독립적인 인간이기를 멈추었다. 그는 스스로 생각할 용기, 삶에 대한 온전한 지적, 감정적 책무를 바탕으로 결정을 내릴 용기도 잃어버렸다. 그는 합리적인 생각으로 얻을 수 있는 '불확실한 확실성uncertain certainty'을 '절대적 확실성absolute certainty', 예측 가능성을 바탕으로 하는 '과학적 확실성'이라 주장하는 것과 바꾸고 싶어 했다.

이런 확실성을 보장하는 존재는 인간의 믿지 못할 지식이나 감정이

[+] 기독교 신학의 루터-칼뱅 분파에서는 인간은 자신의 결정에 잘못된 기준을 사용할 위험에 대해 두려워할 필요가 없음을 역설적인 방식으로 가르쳤다. 인간의 자유와 인간의 선한 행동이 맡는 역할을 별것 아니라 보았던 루터Martin Luther는 인간이 내려야 할 결정은 단 하나, 자기 의지를 모두 신에게 넘겨주고, 자신의 지식이나 책임을 바탕으로 결정을 내려야 할 위험에서 해방되는 것이라고 가르쳤다. 칼뱅Jean Calvin의 개념에서는 모든 것은 운명 지어진 것이기 때문에 인간의 결정은 중요하지 않다. 하지만 사람의 성공은 그가 신에게 선택받은 자라는 신호다. 《자유로부터의 도피》에서 나는 이런 교리의 뿌리가 되는 절망과 불안에 대해 지적한 바 있다.

아니라 예측을 가능하게 하여 확실성을 보증해주는 컴퓨터다. 대기업의 사업 계획을 예로 들어보자. 컴퓨터의 도움으로 기업은 여러 해 앞서서 사업 계획을 세울 수 있다(인간의 정신과 취향을 조작하는 것도 포함). 경영인은 더는 개인적 판단에 의존할 필요 없이 컴퓨터가 말해주는 진실을 따르면 된다. 경영인의 결정은 결과적으로 틀렸을지도 모르지만 그 의사결정 과정은 불신할 필요가 없다. 그 경영인은 컴퓨터의 예언을 자유롭게 받아들일 수도 있고, 거부할 수도 있다고 느끼지만 사실은 독실한 기독교도가 신의 의지에 반해서 행동할 자유가 없듯이 그 역시 사실상 컴퓨터의 예언을 거부할 자유가 거의 없다. 물론 그럴 수도 있겠지만 미치지 않고서야 그런 위험을 감수할 리가 없다. 신, 혹은 컴퓨터가 제시한 해법보다 확실한 것이 없기 때문이다.

확실성에 대한 이런 필요성 때문에 컴퓨터화된 계획 방식의 효율성에 대한 맹목적 믿음이라 할 만한 것이 필요해진다. 그럼 경영인은 의심으로부터 자유로워지고, 그 조직에 고용된 사람들도 자유로워진다. 컴퓨터에 기반한 계획 수립이 신과 같은 지위를 갖게 된 것은 의사결정 과정에 인간의 판단이나 감정이 개입하지 않는다는 생각 때문이다.+

+ 의사결정에서 개인적 목표에 관한 내용은 다음의 자료를 참고하라. 피어 솔버그 Peer Soelberg, 조지 피스크George Fisk 편, 《개별 목표들의 구조: 조직 원리 이론, 경영 의사 결정의 심리학에 관한 함축*Structure of Individual Goals: Implication for Organization Theory, the Psychology of Management Decision*》, Lund, Sweden: C. W K. Gleerup, 1967, 15~32쪽

정부의 정책과 전략에서도 똑같은 계획 시스템이 점점 인기를 끌고 있다. 오늘날의 외교정책은 군사적 계획도 포함하는데, 컴퓨터 시스템에 맡겨서 인간의 독단에서 자유로운 정책이야말로 이상적인 외교정책이라 생각하게 됐다. 컴퓨터는 인간처럼 오류를 저지르지도 않고, 다른 속셈을 품는 일도 없어서 '진실'만을 말하기 때문이다. 모든 외교정책과 군사 전략을 컴퓨터의 판단을 근거로 내리는 것이 이상적이라는 것은 컴퓨터가 모든 사실에 접근할 수 있고, 모든 것을 알고 있고, 모든 것을 고려할 수 있음을 암시한다. 이런 방식을 이용하면 의심을 배제할 수 있다. 그렇다고 재앙을 무조건 피할 수 있다는 의미는 아니다. 하지만 컴퓨터가 제시한 반박할 수 없는 '사실'을 기반으로 결정을 내린 후에 재앙이 일어났다면 그것은 신의 행위와도 같은 것이니 사람들은 그대로 받아들여야 한다. 인간은 자신이 할 수 있는 최선의 결정 이상의 것을 할 수 없기 때문이다.

내가 보기에는 이렇게 생각하지 않고서는 다음과 같은 곤혹스러운 질문에 대답할 수 없을 것 같다. 우리의 외교정책이나 군사전략 입안자들은 어느 시점에 가서는 자기 가족, 대부분의 미국인, '기껏해야' 대부분의 산업사회를 파괴하는 결과를 낳을지도 모를 명령을 내려야 하는데, 그 부담을 대체 어떻게 감당할 수 있을까? 만약 그들이 **자신을 대신해서** 사실을 바탕으로 내려진 듯 보이는 결정에 의존할 수 있다면 그들의 양심은 편안해질 수 있다. 그 결정에 따르는 결과가 아무리 끔찍한 것일지라도 자신이 그런 결정을 내릴 때까지 의지했던 방법의 올바름이나 적법성 여부에 대해 거리낌을 느낄 필요가 없다. 이들은 신념을 바탕으로 행동한 것이기 때문이다. 이 신념은 중세 종교재판소Holy Office의 재판관들이 자기 행동의 근거로 삼았던 신념과 본질적으로 다르지 않다. 도스토옙스키Fyodor Mikhailovich Dostoevsky의 《대심판 *Grand Inquisitor*》에서처럼 어떤 사람은 다른 행동을 아예 할 수 없는 비극적 인물인지도 모른다. 자기가 할 수 있는 최선을 다하는 것 말고는 확신을 얻을 다른 방법을 알지 못하기 때문이다. 정책 입안자들이 합리적인 결정이라 주장하는 것은 기본적으로는 과학 이전 시대에 종교를 기반으로 내렸던 결정과 다를 바 없다. 한 가지 꼭 달아야 할 단서가 있다. 신의 의지에 맹목적으로 굴복하는 종교적 결정이든 '사실'의 논리에 대한 신념을 바탕으로 하는 컴퓨터의 결정이든 모두 인간이 자신의 통찰, 지식, 탐구, 책임감을 신이든, 컴퓨터든 자신의 우상에게 내어주고 굴복하는 소외된 결정alienated decisions이라는 점이다. 예언자의 인본주의적 종교에서는 그런 굴복이 없다. 여기서 결정은 인간의 몫이다. 인간은 자신이 처한 상황을 이해하고, 그 대안들을 확인한 다음 스스로 결정해야 한다. 진정한 과학적 합리성도 다르지 않다. 인간이 컴퓨터의 도움을 받아 몇 가지 가능성을 시각화해볼 수는 있지만 컴퓨터가 인간을 대신해서 결정 내리지 않는다. 그냥 다양한 모델 중에 하나를 인간이 선택할 수 있다는 의미만이 아니라, 인간이 반드시 자신의 이성을 이용해야 하고, 자기가 감당해야 할 현실을 파악하고 거기에 반응해야 하며, 이성적인 관점에서, 즉 인간의 생명력을 유지하고 충족시킨다는 관점에서 중요한 사실들을 컴퓨터로부터 뽑아내야 한다는 의미다.

외교정책과 군사전략 계획에서 당사자들이 컴퓨터의 결정에 대해 맹목적, 비합리적으로 의존하는 경우도 마찬가지로 위험할 수 있다. 각각의 당사자도 자체적인 데이터 처리 시스템을 가지고 있다. 각각은 상대방의 수를 예측하고, 자신의 수를 계획한 다음 양쪽 진영이 두는 수에 따라오는 각각의 가능성을 따져 시나리오를 작성한다. 작전은 자기편이 이기는 시나리오, 무승부 시나리오, 둘 다 지는 시나리오 등 여러 시나리오를 바탕으로 구성할 수 있다. 하지만 하비 휠러Harvey Wheeler가 지적했듯이,[+] 어느 한 쪽이 '이긴다면' 그것은 양쪽 모두의 종말을 의미한다. 게임의 목적이 무승부를 달성이라고 해도 게임의 규칙 때문에 무승부가 이루어질 가능성은 작다. 양쪽 참가자 모두 자신이 사용하는 방법 때문에, 그리고 확실성에 대한 필요성 때문에 컴퓨터 이전 시대에 외교와 전략에 주로 사용되었던 방식, 즉 대화를 포기한다. 대화가 이루어지는 경우에는 주고받기를 통해 문제를 해결하기도 하고, 공식적, 비공식적으로 철수를 하기도 하고, 협상을 하기도 하고, 합리적인 결정이 그것밖에 없을

+ 나이젤 캘더Nigel Calder가 편집한 《평화가 오지 않는 한*Unless Peace Come*》, New York: Viking, 1968, 91쪽 이하

때는 항복하는 수도 있다. 이렇듯 대화는 파국을 피할 수 있는 온갖 가능성을 품고 있음에도 현재의 방식에서는 대화가 배제된다. 지도자들의 행동은 광신도적이다. 자신을 스스로 파괴하는 지경에 이르기도 하기 때문이다. 하지만 심리적으로 보면 그들의 행동은 감정, 컴퓨터를 이용하는 방식의 합리성(예측 가능성)에 대한 자유로운 믿음을 바탕으로 하는 것이기 때문에 그들은 광신도가 아니다.

워싱턴과 모스크바 사이의 핫라인은 이런 비인간적인 의사결정 방식에 대한 반어적 상징이다. 컴퓨터에 의존하는 방식이 두 열강을 무력 충돌 궤도에 올려놓았고, 양쪽 진영 모두 거기서 빠져나오기 힘든 경우 양측은 정치적 과정의 최후 수단으로써 구식의 개인 소통 장비를 이용한다. 쿠바 미사일 위기는 케네디와 흐루쇼프Nikita Sergeyevich Khrushchev 간의 개인적 소통의 도움을 받아 해결되었다. 아랍-이스라엘 전쟁이 벌어지고 있던 1967년에도 그와 비슷한 일이 일어났다. 미국의 정보수집함 리버티Liberty를 이스라엘이 공격하자 미국의 항공기 기반 항공 활동으로 이어지는 흔치 않은 일이 일어났다. 러시아 측에서는 미국의 행동을 감시하고 있었다. 이들이 이런 활동을 어떻게 해석했을까? 공격 행위를 준비하는 것으로 보았을까? 그 시점에서 워싱턴에서는 핫라인을 통해 자기 행동에 대해 모스크바에 설명했고, 모스크바는 그 설명을 믿어주었다. 그리하여 발발할 수 있었던 군사 대립을 예방할 수 있었다. 이런 핫라인은 시스템의 지도자들이 너무 늦기 전에 정신을 차릴 수 있고, 대치

국면을 해소해야 할 때는 인간과 인간의 대화가 위험한 컴퓨터가 명령하는 움직임보다 더 안전한 방법임을 깨달을 수 있다는 증거다. 하지만 전체적인 추세를 고려하면 핫라인은 인류의 생존을 보호하는 수단으로는 너무 약하다. 두 상대방이 제대로 된 설명을 하거나, 신뢰를 얻을 수 있는 적절한 시기를 놓칠 수도 있기 때문이다.

지금까지는 경제적, 정치적 전략 수립 과정에서 등장하는 확실성의 필요성에 관해서만 이야기했다. 하지만 현대의 시스템은 다른 많은 측면에서도 이런 필요성을 충족시키고 있다. 개인의 경력도 예측이 가능해졌다. 초등학교에서 고등학교, 대학교까지의 학점, 거기에 심리검사까지 보태지면 개인의 경력을 예측하는 것이 가능하다. 물론 이것은 경제 시스템의 경제적 변동에 종속되어 있는 부분이다. 사실 대기업에서 승진의 사다리를 타고 올라가고 싶어 하는 사람의 삶을 괴롭히는 크나큰 불확실성과 불안감이 존재한다. 어느 때건 추락할 수 있다는 불안이다. 열망하던 목표를 달성하지 못해서 가족과 친구의 눈에 실패자로 비칠 수 있다. 하지만 확실성에 대한 바람 때문에 이런 불안은 점점 커지기만 할 뿐이다. 만약 자신이 선택한 의사결정 방식이 제공해주는 확실성이 있어도 실패하게 된다면 적어도 자신을 비난할 필요는 없어진다.

생각, 느낌, 미학적 감상 부분에서도 똑같이 확실성에 대한 필요성이 존재한다. 문맹이 줄어들고 매스컴이 발달함에 따라 개인들은 어떤 생각이 '맞고', 어떤 행동이 옳으며, 어떤 느낌이 정상이고, 어떤 취향이 세련된 것인지를 신속하게 학습한다. 사람들은 그저 매체가 보내는 신호만 민감하게 받아들일 줄 알면 된다. 그럼 실수하지 않으리라 확신할 수 있다. 패션 잡지는 어떤 스타일을 좋아해야 하는지, 독서회는 어떤 책을 읽어야 하는지 알려준다. 그리고 무엇보다도 최근에는 적절한 결혼 상대자 찾는 방법도 컴퓨터의 결정을 근거로 이루어진다.

우리 시대는 신의 대체품을 찾아냈다. 인격이 배제된 계산이다. 이 새로운 신은 모든 인간이 희생해야 할 우상이 되었다. 신성함과 확실성의 새로운 개념이 등장하고 있다. 바로 계산 가능성calculability, 개연성probability, 사실성factuality이다.

이제 우리는 자신에게 스스로 이런 질문을 던져봐야 한다. 우리가 컴퓨터에 모든 사실을 제공해주면 컴퓨터가 미래의 행동에 대해 가능한 최고의 결정을 내릴 수 있다는 원칙이 뭐가 잘못일까?

사실이란 무엇일까? 사실 그 자체는 정확하고 개인적, 정치적 편견으로 왜곡되지 않았더라도 그 안에 아무런 의미도 담기지 않을 수가 없다. 사실이라도 선택을 통해 사실이 아닌 것이 될 수 있다. 사람들의 주의를 정말 중요한 사실로부터 멀어지게 만들거나 사람의 생각을 흩어놓고 파편화시켜서 더 많은 '정보'를 받고도 의미 있는 결정을 내릴 수 없게 만드는 것이다. 사실을 선택한다는 것은 곧 평가와 선택을 암시한다. 사실들을 합리적으로 이용하기 위해서는 이런 점을 반드시 인식하고 있어야 한다. 화이트헤드Alfred North Whitehead는 사실에 대해 중요한 말을 했다.

그는《이성의 기능*The Function of Reason*》에서 이렇게 적었다.

"모든 권위의 밑바탕은 생각보다 사실이 우선한다는 데 있다. 하지만 사실과 생각의 이런 대비가 잘못 인식될 수 있다. 사실을 경험할 때 생각이 그 요소로 작용하기 때문이다. 따라서 목전의 사실은 부분적으로는 그 인식에 수반되는 생각의 사고력을 통해 사실이 된다."+

사실은 **관련성**이 있어야 한다. 하지만 무엇, 혹은 누구와 관련이 있어야 한다는 말일까? 내가 만약 A라는 사람이 격렬한 질투심에 휩싸인 상태에서 경쟁자에게 상처를 입혀 감옥에 갔었다는 말을 듣는다면 그것은 사실에 대한 정보를 받은 것이다. 그럼 나는 동일한 정보를 새로 가공해서 A가 감옥에 있었다거나, A가 폭력적인 사람이라거나, A가 질투심이 많은 사람이라고 말할 수 있다. 하지만 이런 정보들은 A에 대해 알려주는 바가 거의 없다. 어쩌면 그는 대단히 열정적인 사람, 자존심이 강한 사람, 대단히 진실한 사람일 수도 있다. 어쩌면 내가 가지고 있는 사실적 정보는 A가 아이들과 대화할 때 눈빛이 반짝이고, 아이들에게 관심과 도움을 준다는 정보를 제대로 알려주지 못할 수도 있다. 이런 사실들이 누락된 이유는 그의 범죄와 관련된 자료와 관련성이 없어 보이기 때문일 수도 있다. 게다가 '아직'이라는 단서가 있어야겠지만 컴퓨터가 사람의 눈에 담긴 어떤 표정을 인식하거나, 사람의 입에 담긴 미묘한 표정을 관

+ 알프레드 노스 화이트헤드,《이성의 기능》, Boston: Beacon, 1958, 80쪽

찰하고 부호화하기는 어렵다.

간단히 말하자면 '사실'이란 사건의 해석이며, 해석은 그 사건의 관련성을 구성하는 어떤 관심사를 미리 상정한다. 여기서 중요한 문제는 내 관심사가 무엇이며, 따라서 관련성이 있으려면 사실이 어떤 것이어야 하는지 인식하는 것이다. 내가 그 사람의 친구인가? 아니면 형사인가? 아니면 그저 인간성이라는 측면에서 한 명의 인간을 총체적으로 알기 원하는 사람인가? 나의 관심사에 대해서 인식하는 것 외에도 그 사건에 대한 모든 구체적인 내용도 알고 있어야 한다. 그렇게 구체적인 부분들을 모두 안다고 해도 그의 행동을 내가 어떻게 평가해야 할지 알 수는 없을 것이다. **당사자**는 인식하지 못하고 있는 요소를 비롯한 그 사람의 특성, 성격 등을 거의 알고 있으면 그의 행동을 평가할 수는 있을 것이다. 하지만 그런 평가를 할 수 있을 정도로 충분한 정보를 확보하려면 나는 '나 자신', 나 자신의 가치관 그리고 그중 진정한 가치관은 무엇이고, 이데올로기를 따라간 가치관은 무엇인지, 또한 내가 이기적인 사람인지 아닌지 등에 대해서도 알고 있어야 한다. 그냥 서술적으로만 제시된 사실은 내게 더 많은 정보를 줄 수도 있고, 오히려 혼란스럽게 할 수도 있다. 그냥 일련의 '사실'들만 쭉 나열하는 것보다 효과적인 왜곡 방법이 없다는 것은 이미 잘 알려져 있다.

사람의 인생에서 일어난 한 사건에 대해 어떻게 평가할 것이냐는 이 사례에서 무엇이 진실인지는 정치적, 사회적 삶과 관련된 사실에 관해 얘기할 때 훨씬 복잡하고 중요해진다. 만약 공산주의자들이 극동지역 국가에서 권력을 잡기 위한 조치를 취하고 있다는 사실을 제시한다면, 이 사실은 그들이 동남아시아, 혹은 아시아 전체를 정복하려 위협하고 있다는 것을 암시할까? 후자의 경우는 이들이 미국의 '존재'를 위협한다는 의미일까? 미국의 '존재'를 위협한다는 것은 미국인들의 물리적 존재를 위협한다는 의미일까? 아니면 우리의 사회체계, 혹은 표현과 행동의 자유를 위협한다는 의미일까? 아니면 그 분야에서 우리의 엘리트들을 자기네 엘리트로 대체하기를 원한다는 의미일까? 이런 가능한 결과 중에 1억 명의 미국인, 혹은 모든 생명을 파괴할지도 모르는 결정을 정당화하거나 요구할 수 있는 결과는 대체 무엇일까? 공산주의자들의 위협이라는 '사실'은 공산주의자들의 전체적인 전략과 계획을 어떻게 평가하느냐에 따라 의미가 달라진다. 하지만 그렇다면 공산주의자는 누구를 말하는 것일까? 소련 정부, 중국 정부, 아니면 누구? 그리고 소련 정부라면 누구를 말하는 것일까? 코시긴-브레즈네프Kosygin-Brezhnev의 정부? 아니면 현재의 전략이 실패했을 때 권력을 잡게 될 그 후임들의 정부?

내가 보여주고 싶은 것은 시스템 전체를 평가하지 않고는 우리가 출발점으로 삼는 한 가지 사실이 아무런 의미가 없다는 것이다. 이는 그 과정을 분석할 때 그 대상에 관찰자인 우리도 포함되어 있어야 한다는 의미다. 결국 특정 사건들을 사실로 선택하기로 했다는 결정 자체가 우리 자신에게 영향을 미친다는 것을 반드시 짚고 넘어가야겠다. 이런 결정을 통해 우리는 어떤 방향으로 나아가겠다고 전념하는 셈이 된다. 그리고 이런 전념이 그 후에 어떤 사실을 추가로 선택할지 결정하게 된다. 우리 상대방도 마찬가지다. 이들 또한 우리가 선택한 것만이 아니라 자기가 선택한 사실에 영향을 받는다.

하지만 사실 그 자체만 가치관에 따라 선택되고 정리되는 것이 아니다. 컴퓨터의 프로그래밍 자체도 무의식적으로 내장된 가치관에 바탕을 두고 있다. 많이 생산할수록 좋다는 원칙 자체도 가치판단이다. 그 대신 우리 시스템이 인간의 활동성과 활력을 최적화시킬 수 있어야 한다고 믿었다면 프로그램도 달라졌을 것이고, 그럼 다른 사실들의 관련성이 더 커졌을 것이다. 대중과 많은 의사결정자들이 가지고 있는 컴퓨터 결정의 확실성에 대한 환상은 다음과 같은 잘못된 가정에 바탕을 두고 있다.

(1) 사실은 객관적인 '기정사실'이다.

(2) 프로그램은 규범에서 자유롭다.[+]

컴퓨터를 사용하는 것이든 아니든 모든 계획은 그 계획을 밑에서 뒷받침하고 있는 규범과 가치관에 좌우된다. 계획 그 자체는 인류가 취할

+ 하산 외즈베칸은 아주 절묘한 개념에서 '규범적' 계획이 반드시 '전략적', '전술적' 계획보다 선행되어야 한다고 말했다.

수 있는 가장 진보적인 조치 중 하나다. 하지만 인간이 자신의 결정, 가치판단, 책임을 거부하는 '맹목적' 계획으로 이어진다면 저주가 될 수도 있다. 하지만 인간적 목적을 온전히 인식하고 그 목적을 지침 삼아 계획 과정이 이루어지는 활력 있고, 책임감 있는 '열린' 계획이라면 축복이 될 것이다. 컴퓨터는 계획 세우기를 대단히 용이하게 하지만 컴퓨터를 사용한다고 해서 수단과 목적 사이의 적절한 관계라는 근본적 원리가 바뀌는 것은 아니다. 오직 컴퓨터를 남용할 때만 그렇게 될 것이다.

4

인간이 된다는 것의 의미는?

1
인간의 본성과 그 다양한 발현

기술사회에서 인간이 현재 처해 있는 상황에 관해 이야기했으니 다음 단계는 기술사회를 인간화하기 위해 할 수 있는 일이 무엇이냐는 문제를 조사해야 한다. 하지만 그 단계로 나아가기에 앞서 인간이 된다는 것의 의미가 무엇인지, 즉 사회시스템의 기능에서 필수적인 요소로 고려해야 할 인간적 요소가 무엇인지 우리는 자신에게 물어봐야 한다.

이러한 생각은 단순히 **심리학**이 아니다. 그보다는 **인간의 과학**이라 부르는 것이 더 적절할 것이다. 인간의 과학은 인간을 이해하는 데 관련 있는 역사, 사회학, 심리학, 신학, 신화, 생리학, 경제학, 예술 등의 자료를 아우르는 학문 분야다. 내가 이 장에서 다룰 수 있는 분야는 대단히 제한적일 수밖에 없다. 따라서 내가 보기에 이 책의 맥락에서 가장 필요해 보이는 부분에 국한해서 독자들과 관련된 부분을 중심으로 논의를 진행하려 한다.

인간은 특정 **존재 형태**를 자신의 **본질**로 받아들이는 일에 쉽게 유혹되었고, 지금도 여전하다. 이런 일이 일어나는 정도에 따라 인간은 자신의 인간성을 자신이 동일시하는 사회의 측면에서 정의한다. 하지만 이것이 규칙이긴 해도 예외가 있었다. 항상 자신의 사회 너머의 차원을 바라보는 사람들이 있었다. 이들은 그 시대에는 바보나 범죄자로 불릴지언정 기록된 인류의 역사에서만큼은 위대한 인물의 명단에 이름을 올린다. 그리고 이들은 특정 사회에서 인간의 본성이라 가정하는 것과는 다르지만 보편적 인간성이라 할 수 있는 무언가를 머릿속에 그려낸다. 시대를 막론하고 언제나 자신이 갖고 있는 사회적 존재의 한계 너머로 볼 수 있는 대담하고 상상력 넘치는 인간이 존재했다.

구체적으로 무엇이 인간인지 한 단어 속에 아우를 수 있는 '인간'의 정의 몇 가지를 떠올려보면 도움이 될지도 모르겠다. 우리는 인간을 호모 파베르Homo faber, 즉 도구를 만드는 인간으로 정의해왔다. 실제로 인간은 도구를 제작한다. 하지만 온전히 지금의 인간이 되기 전 우리 조상들 역시 도구를 만들었다.*

인간을 호모 사피엔스Homo sapiens, 즉 생각하는 인간으로도 정의해왔다. 하지만 이 정의에서는 모든 것이 **사피엔스**의 의미가 무엇인가에 좌우

* 이 부분에 대해서는 《기계의 신화》에서 루이스 멈퍼드가 얘기한 내용을 참고할 것

된다. **사피엔스**, 즉 생각을 생존의 수단, 자신이 원하는 바를 달성하기 위한 방법이라는 뜻으로 사용한다면 이런 능력은 동물도 가지고 있는 것이어서 인간과 동물의 차이는 기껏해야 양적인 측면밖에 없다. 하지만 사피엔스가 현상의 핵심을 이해하는 생각, 표면적으로 드러나는 기만적인 현상을 뚫고 들어가 그 내면의 '진정한 실체'에 접근하는 생각, 환경을 조작하는 것이 아니라 이해하는 것을 목적으로 하는 생각을 뜻한다면 호모 사피엔스야말로 인간에 관한 정확한 정의가 될 것이다.

인간은 호모 루덴스Homo ludens, 즉 놀이하는 인간으로도 정의된다.[+] 여기서 놀이란 생존에 즉각적으로 필요한 것을 초월해서 특별한 목적 없이 이루어지는 활동을 의미한다. 실제로 동굴벽화 시대에서 현재에 이르기까지 인간은 특별한 목적이 없는 활동을 즐겨왔다.

인간의 정의를 두 개 더 추가할 수 있을 것 같다. 하나는 호모 네간스Homo negans, 즉 대부분의 인간이 생존이나 이득을 위해 '예'라고 말할 상황에서 '아니요'라고 말할 수 있는 인간을 말한다. 인간의 행동을 통계적 관점에서 보면 인간은 예스맨yes-man이라고 불러야 옳을 것이다. 하지만 인간의 잠재력이라는 관점에서 보면 진리, 사랑, 진실성을 지키기 위해

+ 요한 하위징아Johan Huizinga의 《유희하는 인간: 문화 속에서 들어 있는 유희적 요소 연구*Homo ludens: proeve eener bepaling van het spel-element der cultuur*》, 구스타프 발리Gustav Bally의 《자유의 기원과 한계에 관하여, 그리고 동물과 인간의 유희에 관한 해석*Vom Ursprung und von den Grenzen der Freiheit. Eine Deutung des Spiels bei Tier und Mensch*》 참조

심지어 자신의 물리적 생존까지 희생하면서 '아니요'라고 말할 수 있는 능력 덕분에 인간은 다른 모든 동물과 차별된다.

인간의 또 다른 정의로 **호모 에스페란스**Homo esperans, 즉 희망하는 인간이 있다. 2장에서 내가 언급했듯이 희망은 인간으로서 존재하기 위한 본질적인 조건이다. 인간은 모든 희망을 포기하는 순간 본인은 알든, 모르든 지옥의 문으로 들어간다. 그리고 자신의 인간성을 뒤로하게 된다.

어쩌면 인간의 종 특성에 관한 가장 중요한 정의를 내놓은 사람은 마르크스인지도 모르겠다. 그는 인간의 종 특성을 '자유롭고 의식적인 활동'+이라고 정의했다. 이 개념의 의미는 뒤에서 다시 얘기하겠다.

아마도 방금 언급했던 것 말고도 비슷한 정의를 더 추가할 수 있을 것이다. 하지만 이런 정의들 역시 다음과 같은 질문에 제대로 대답하지 못한다. 인간이 된다는 것은 무슨 의미일까? 이런 정의들은 더 완벽하고 체계적인 대답을 내놓으려는 시도는 없이 인간 존재의 특정 요소만을 강조하고 있다.

이 질문에 어떤 대답을 내놓든 그 대답은 기껏해야 형이상학적이고 시적인 추측에 불과하며, 명확하게 확인할 수 있는 실체에 대한 진실이라기보다는 주관적 선호도의 표현에 불과하다는 반론에 바로 부딪히게

+ 마르크스는 아리스토텔레스의 유명한 인간의 정의, '정치적 동물'을 비판하며 그것을 '사회적 동물'이라는 개념으로 대체했고, 프랭클린의 정의인 '도구를 만드는 동물tool-making animal'을 '전형적인 양키적 특성'이라고 공격했다.

될 것이다. 후자의 반론을 보니 자신의 개념에 대해서는 객관적 실제라는 측면에서 얘기하면서도 물질의 본질에 관해서는 궁극적 진술이 존재할 수 없다고 부인하는 이론물리학자가 떠오른다. 사실 지금으로서는 인간이 된다는 것이 무슨 의미인가에 대해 궁극적 진술을 이끌어낼 수가 없다. 어쩌면 인간의 진화가 현시점의 역사를 훨씬 초월해서 인간을 더는 온전한 인간이라 할 수 없는 지경이 와도 그 궁극적 진술을 내리는 것은 절대 불가능할지도 모른다. 하지만 인간의 본성에 대한 궁극적 진술의 가능성에 대해 회의적인 태도를 갖고 있다고 해서 과학적 특성을 갖춘 진술, 즉 사실을 관찰해서 나온 결론, 해답을 찾으려는 동기가 더 행복한 삶에 대한 소망이라는 사실에도, 올바른 결론을 이끌어내는 진술을 만들 수 없다는 의미는 아니다. 오히려 화이트헤드는 이렇게 말했다. "이성의 기능은 삶의 예술을 고취하는 것이다."⁜

인간으로 존재한다는 것이 무슨 의미냐는 이 질문에 대답하려면 어떤 지식을 이용할 수 있을까? 그 질문에 대답할 때 종종 취하는 방향이 있다. 인간이 선하냐, 악하냐, 사랑이 가득하냐, 파괴적이냐, 잘 속아 넘어가느냐, 독립적이냐 등등. 하지만 그런 방향에서는 해답이 나올 수 없다. 사람은 음악적 재능이 있을 수도 있고, 음치일 수도 있고, 그림에 예민할 수도 있고, 색맹일 수도 있고, 성인일 수도 있고, 악한일 수도 있는

⁜ 화이트헤드, 《이성의 기능》, 4쪽

것처럼, 분명 이 모든 것이 인간의 특성이 될 수 있다. 그뿐만 아니라 다른 많은 특성도 인간이 취할 수 있는 다양한 **가능성**이다. 사실 이런 특성은 우리들 한 사람 한 사람 모두의 내면에 들어 있다. 사람의 인간성에 대해 온전히 인식한다는 것은 테렌티우스Terentius의 말처럼 "**Homo sum; humani nil a me alienum puto**(나는 인간이며, 인간적인 것 중에 나에게 낯선 것은 없다)"를 인식해야 함을 의미한다. 즉 성자의 인간성이든, 범죄자의 인간성이든 상관없이 각각의 사람이 모든 인간성을 자기 안에 담고 있다는 뜻이다. 괴테의 말처럼 내가 저지르리라고 도저히 상상할 수 없는 범죄 따위는 존재하지 않는다. 이 모든 **인간성의 발현**은 인간으로 존재한다는 것의 의미가 무엇이냐는 질문에 대한 답이 될 수 없다. 그저 우리가 **서로 얼마나 다르면서도 결국에는 인간일 수 있느냐**는 질문에 답하고 있을 뿐이다. 인간이 된다는 것의 의미를 알고 싶다면, 서로 다른 인간적 가능성이 아니라, 이 모든 가능성이 대안으로 튀어나올 수 있는 인간 실존의 조건이라는 측면에서 답을 구할 준비를 해야 한다. 이런 조건은 형이상학적인 추측을 통해 알아낼 수 있는 것이 아니다. 인류학, 역사, 아동심리학, 개인적, 사회적 정신병리학에 관한 데이터를 조사해봐야만 알아낼 수 있다.

2
인간 실존의 조건

인간 실존의 조건이란 무엇일까? 본질적으로 두 가지가 있으며, 이 둘은 서로 연관되어 있다. 첫째, 동물의 진화에서 높은 자리로 올라갈수록 본능적 결정론instinctual determinism이 줄어들어 결국 인간에서 가장 저점을 찍고 있다. 인간에게서는 본능적 결정론의 힘이 척도에서 0쪽을 향해 움식이고 있다.

둘째, 체중 대비 뇌의 크기와 복잡성이 어마어마하게 증가하였고, 그 증가 대부분이 홍적세Pleistocene 후반에 일어났다. 이렇게 커진 신피질neocortex이 인식, 상상력, 인간 실존을 특징짓는 말하기, 기호 만들기 같은 능력의 밑바탕을 이룬다.

동물의 본능적 능력이 결여된 인간은 동물처럼 날지도 못하고, 공격하지도 못한다. 연어는 알을 낳기 위해 어느 강으로 돌아와야 하는지 알고 있고, 많은 철새는 겨울이 되면 남쪽 어디로 가야 하고, 여름이 되면 어디로 돌아와야 하는지 알고 있지만 인간은 절대적으로 확실하게 '알지' 못한다. 인간은 본능이 **자신을 대신해서** 결정해주지 않는다. **스스로 결정**해야 한다. 인간은 여러 가지 대안과 마주하며, 어떤 결정을 내리든 거기에는 실패의 위험이 따른다. 인간은 의식을 얻은 대가로 불안도 함께 얻게 됐다. 인간은 인간 조건을 인식하고 받아들여서, 또한 성공이 보장되어 있지 않더라도 실패하지 않으리라는 희망으로 이런 불안을 이겨낼 수 있다. 인간에게는 확실한 것이 없다. 인간이 예측할 수 있는 딱 한 가지 확실한 것은 언젠가 찾아올 '자신의 죽음'이다.

인간은 자연의 별종으로 태어났다. 자연 안에 있으면서도 자연을 초월했다. 그는 본능의 원리를 대신할 행동과 의사결정의 원리를 찾아야 한다. 그는 일관된 행동을 위한 조건으로서 세상에 대한 일관된 그림을 구성할 수 있게 해줄 방향의 틀을 갖고 있어야 한다. 그는 죽고, 굶주리고, 다칠 위험에 대항해서 싸워야 할 뿐 아니라 대단히 인간적인 또 다른 위험과도 싸워야 한다. 바로 미쳐버릴 위험이다. 바꿔 말하면 목숨을 잃을 위험뿐만 아니라 정신을 잃어버린 위험으로부터도 자신을 보호해야 한다는 것이다. 여기서 기술한 조건 아래서 태어난 인간은 어떤 형태로든 세상에서 편안함을 느끼고, 무기력, 방향감각 상실, 근절의 경험을 피하게 해줄 기준틀을 찾아내지 않으면 정말 미쳐버릴 것이다. 인간이 살아남아 정신을 온전히 유지하는 과제의 해법을 찾을 길은 많다. '나은'

방법도 있고, '나쁜' 방법도 있다. 나은 방법이란 힘, 명확한 사고, 기쁨, 독립성을 키워주는 방법을 의미하고, 나쁜 방법은 그 반대를 의미한다. 하지만 **더 나은** 해법을 찾는 것보다 더 중요한 것은 현실성 있는 해법을 찾는 것이다.

앞서 말한 생각들이 인간의 유연성에 대한 문제를 제기한다. 일부 인류학자와 다른 인간 관찰자들은 인간이 무한히 유연하다고 믿어왔다. 언뜻 보면 그게 사실인 것 같다. 인간은 육식, 채식, 혹은 양쪽 모두를 할 수 있다. 그리고 노예로도 살 수 있고, 자유인으로 살 수도 있다. 결핍 속에서도 살 수 있고 풍요 속에서도 살 수 있고, 사랑을 소중히 여기는 사회에서도 살 수 있고, 파괴를 소중히 여기는 사회에서도 살 수 있다. 실제로 인간은 거의 모든 것을 할 수 있다. 아니면 사회적 질서가 인간에게 거의 모든 것을 할 수 있다고 하는 것이 낫겠다. 여기서는 '거의'가 중요하다. 사회적 질서가 인간을 굶주림으로 내몰고, 고문하고, 감옥에 가두고, 과식을 시키는 등 거의 모든 것을 할 수 있다고 해도, 여기에는 어떤 결과가 뒤따를 수밖에 없으며, 이 결과는 인간 실존의 바로 그 조건에서 흘러나온다. 인간은 정말로 모든 자극과 쾌락을 박탈당하면 일을, 그중에서도 기술이 필요한 일은 수행할 수 없을 것이다.+ 완전한 궁핍의 상태

+ 최근의 감각박탈sensory deprivation 실험은 인간이 반응할 수 있는 자극을 극단적인 형태로 박탈한 경우 심각한 정신질환 증상을 만들어낼 수 있음을 보여주었다.

가 아니라면 인간은 자기를 노예로 만들었을 때 반란을 일으키는 성향이 있다. 그리고 삶이 너무 지겨우면 폭력적으로 변하는 성향이 있다. 또한 인간을 기계로 만들면 창의성을 모두 잃어버리는 성향이 있다. 이런 면에서 보면 인간은 동물이나 생명 없는 물질과 다르지 않다. 어떤 동물은 동물원에 가둘 수는 있지만 번식을 시킬 수는 없다. 어떤 동물은 자유로운 상태에서는 폭력적이지 않지만 동물원에서는 폭력적으로 변한다.[+] 물을 특정 온도 위로 가열해서 증기를 만들 수도 있고, 특정 온도 아래로 냉각해서 얼음을 만들 수도 있다. 하지만 온도를 낮춰서 증기를 만들 수는 없는 법이다. 인간의 역사를 보면 인간에게 할 수 있는 것이 무엇인지 알 수 있지만, 동시에 할 수 없는 것이 무엇인지도 알 수 있다. 인간이 무한히 유연하다면 혁명도 존재하지 않을 것이다. 문화가 인간을 굴복시켜 망설임 없이 그 문화의 패턴을 받아들이게 했을 것이기 때문에 세상에 변화는 없었을 것이다. 하지만 인간은 **상대적으로** 유연한 존재이기 때문에 사회적 질서와 사람의 인간적 필요 사이의 불안정을 견딜 수 없을 만큼 극단적으로 키우는 조건에 대해서는 항상 저항했다. 이런 불안정을 줄이려는 시도와 바람직하고 수용할 수 있는 해법을 찾아야 한다는

+ 농장이나 감옥과 비슷하지 않은 환경에서 사는 정신질환 환자들에게서도 이와 비슷한 사실이 발견됐다. 강압적이지 않은 환경에서는 이런 환자들이 폭력성을 거의 보이지 않았다. 이것은 폭력성을 줄이거나 통제하기 위해 기존처럼 감옥 같은 환경에서 이루어졌던 치료 방식이 오히려 폭력성을 유발했음을 증명해준다.

필요성이 역사에서 인간 진화 역본설의 본질적 핵심이다. 인간의 저항은 물질적 고통 때문에만 생기는 것이 아니다. 뒤에서 얘기하겠지만 인간적 욕구도 혁명과 변화의 역학에서 마찬가지로 강력한 동기가 된다.

3
지향과 전념 틀의 필요성

인간 실존이 제기하는 질문에 대해 다양한 해답이 가능하다. 이 질문들은 두 가지 문제에 집중되어 있다. 하나는 지향 틀의 필요성, 또 하나는 전념 틀의 필요성이다.

지향 틀의 필요성에 대한 해답은 무엇일까? 인간이 지금까지 찾아낸 지극히 중요한 해답 한 가지는 동물에서도 관찰할 수 있다. 즉 집단을 위한 최선의 선택이 무엇인지 아는 것으로 보이는 강력한 지도자에게 순종하는 것이다. 이 지도자는 계획을 수립하고, 명령을 내리며 모든 이에게 자기를 따르기만 하면 모두에게 이득이 돌아가게 하겠다고 약속한다. 지도자에 대한 충성심을 강화하기 위해, 다른 말로 하면 개인들이 지도자를 믿을 수 있는 신념을 조성하기 위해 지도자는 아랫사람들을 모두 초월하는 특징을 갖고 있다고 믿게 만든다. 그는 전지전능하고, 신성한 존재로 추앙받는다. 그는 스스로 신이 되거나 신의 대리자, 혹은 우주의 비밀을 알고, 우주가 계속 존재하는 데 필요한 의식을 수행하는 고위 사제가 된다. 물론 지도자들은 복종을 이끌어내기 위해 보통 약속이나 위협을 한다. 하지만 이것이 전부는 아니다. 인간은 가장 높은 형태의 진화 단계에 도달하지 못한 상태에서는 지도자를 필요로 하므로 왕, 신, 아버지, 군주, 사제 등의 정당성을 증명해주는 환상적인 이야기를 기꺼이 믿으려 한다. 이런 지도자의 필요성은 현재 가장 계몽된 사회에서도 여전히 존재한다. 심지어 미국이나 소련 같은 국가에서도 모든 사람의 삶과 죽음에 영향을 미치는 결정이 소수의 지도자 집단에 달려 있거나, 헌법의 정식 권한 아래에서 행동하는 한 사람에게 달려 있다. 그것을 '민주주의'라 부르든, '사회주의'라 부르든 말이다. 인간은 안심할 수 있기를 바라기 때문에 의존성을 사랑한다. 특히 물질적인 삶의 상대적 안락함을 통해, 세뇌를 '교육'이라 부르고, 순종을 '자유'라 부르는 이데올로기를 통해 의존성을 쉽게 받아들이게 된 경우에는 더욱 그렇다.

지배-순종 현상에서 보이는 이런 순종성의 뿌리를 동물에서 찾으려 할 필요는 없다. 사실 상당수의 동물에서는 이런 성향이 인간에서만큼 극단적이거나 널리 퍼져 있지 않다. 그리고 인간 역시 동물이었던 과거를 완전히 무시한다고 해도 인간 실존의 조건 자체가 이런 순종을 요구한다. 하지만 한 가지 결정적인 차이가 있다. **인간이 남이 하는 대로 따라하는 양sheep이 될 필요는 없다.** 사실 인간은 동물이 아닌 만큼 현실과 관련되고, 현실을 인식하는 일에 관심이 있다. 그리고 그리스 전설에 나오는 안타이오스Antaeus처럼 두 발을 땅에 딛고 서야 한다. 인간은 현실과 긴밀하게 접촉할수록 강해진다. 인간이 양에 불과하고 그의 현실이 사실상 사회가 인간과 사물을 더 편리하게 조작하기 위해 구축해 올린 가상의 현실에 불과한 경우에만 인간은 인간으로서 약해진다. 사회적 패턴에 어떤 변화라도 생기면 인간을 격렬한 불안, 심지어 광기로 위협할 수 있다. 인간과 현실의 관계 전체가 그에게 현실이라며 제시된 허구의 현실을 통해 중재되기 때문이다. 인간은 사회가 제공해주는 자료에만 의지하지 않고 자기 힘으로 현실을 이해할수록 더 안심한다. 그럴수록 주변 여론에 덜 의지하게 되고, 사회의 변화에 위협을 덜 느끼기 때문이다. 인간의 자격을 갖춘 인간은 현실에 대한 자신의 지식을 확대하려는 내재적인 성향이 있다. 이는 진실에 가까워진다는 의미다. 지금 여기서 말하는 것은 진실의 형이상학적 개념이 아니라, 점점 더 가까워진다는 개념이다. 이는 허구와 망상이 줄어든다는 의미가 된다. 현실에 대한 이해가 증가하느냐, 줄어드느냐 하는 문제의 중요성과 비교하면 무언가에 대한 최종 진리가 존재하느냐, 마느냐는 질문은 관련성이 없는 완전히 추상적인 질문으로 남게 된다. 인식이 증가하는 과정은 각성의 과정이며, 눈을 뜨고 자기 앞에 놓인 것을 바라보는 과정이다. 인식이라는 것은 착시를 제거하고, 그만큼 해방되는 과정이다.

현시점의 산업사회에서는 지능과 감정 사이에 비극적인 불일치가 존재함에도 인간의 역사가 인식 성장의 역사였음을 부정할 수는 없다. 이 인식은 자신의 본성에 대한 인식뿐만 아니라 자기 외부의 본성에 관한 인식도 지칭한다. 인간은 아직도 눈가리개를 차고 있지만 여러 측면에서 인간의 이성은 우주의 본성과 인간의 본성에 관해 많은 것을 발견했다. 인간은 여전히 이러한 발견의 과정 초기에 머물고 있지만 여기서 중요한 질문은 인간이 현재 갖고 있는 지식이 부여해준 파괴적인 힘으로 결국 인간이 지금으로서는 상상도 할 수 없는 수준으로 이 지식을 확장할 것이냐, 아니면 현재의 토대 위에 훨씬 풍성한 현실의 그림을 그리기 전에 자신을 스스로 파괴할 것이냐는 질문이다.

상황이 이렇게 전개되기 위해서는 한 가지 조건이 필수적이다. 인류의 역사 대부분에서 각각 지배와 순종을 정당화하기 위해 인류에게 '거짓 의식'을 강요해온 사회적 모순과 불합리가 사라지거나, 적어도 축소되어 기존의 사회적 질서를 위한 변명이 인간의 비판적 사고능력을 마비시키지 않을 수준이 되어야 한다는 것이다. 물론 어느 쪽이 첫 번째이고, 어느 쪽이 두 번째이냐는 문제가 아니다. 기존의 현실과 그 개선 대안에 대한 인식은 현실을 바꾸는 데 도움이 된다. 그리고 현실에서 이루어지는 모든 개선은 생각을 명확히 하는 데 도움이 된다. 과학적 사고가 정점에 도달한 오늘날, 기존의 상황에서 오는 관성에 부담을 느낀 사회가 분별력 있는 사회로 전환된다면 일반인들도 과학자들에게서 보이는 익숙한 객관성으로 자신의 이성을 사용할 수 있게 될 것이다. 이것은 지적 우월성의 문제가 아니라 사회적 삶에서 불합리성이 사라지느냐의 문제다. 불합리성은 필연적으로 정신적 혼란으로 이어지기 마련이다.

지향의 틀도 필요하다. 그리고 인간에게는 세상과, 즉 인간 및 자연과 정서적 유대로 묶여야 하는 정신과 육신도 있다. 앞에서 언급했듯이 동물과 세상 간의 유대는 타고난 본능으로 주어지는 것이다. 자기 인식과 외로움을 느끼는 능력으로 차별화하는 인간은 자신을 넘어서 세상과 연결되고 통합되어야 하는 필요를 충족시켜줄 정서적 유대를 찾지 못하면 바람에 날리는 먼지 같은 무기력한 존재가 될 것이다. 하지만 동물과는 대조적으로 인간은 이런 유대를 찾을 몇 가지 대안을 가지고 있다. 정신의 경우와 마찬가지로 어떤 가능성은 다른 가능성보다 더 낫다. 하지만 인간이 제정신을 온전히 유지하기 위해 가장 필요로 하는 것은 안전하게 연결되어 있다고 느낄 수 있는 존재와의 유대다. 정의상 그런 유대를 갖고 있지 못한 사람은 동료 인간들과 아무런 정서적 연결도 맺을 수 없는 미친 사람이다.

인간의 연관 중에서 가장 쉽고, 가장 많이 나타나는 형태는 출신지를 따지는 '일차적 유대'다. 혈연, 지연, 부족, 아버지와 어머니, 혹은 좀 더 복잡한 사회에서는 자신의 국가, 종교, 계층에 따른 유대를 말한다. 이런 유대는 주로 성적인 특성을 띠는 것은 아니지만 완전히 자기 자신으로 자라나고, 참을 수 없는 분리감을 극복하지 못한 사람의 갈망을 충족시켜준다. 인간의 분리감 문제를 내가 말하는 '일차적 유대'를 지속함으로써 해결하는 해법은 아기와 엄마와의 관계에서도 자연스럽고 필연적으로 나타나는 것으로 대지, 호수, 산, 동물 등에 대한 원시적 숭배 문화를 연구해보면 분명하게 드러난다. 이런 숭배 문화에서는 개인이 이런 동물들과 자신을 상징적으로 동일시하는 경우가 많다(토템 동물). 이런 모습은 모계 중심 종교에서 볼 수 있다. 이런 종교에서는 위대한 어머니Great Mother와 다산의 여신, 대지의 여신이 숭배받는다.+ 가부장적 종교에서는 어머니와 땅에 대한 이런 일차적 유대를 극복하려는 시도가 보인다. 이런 종교에서는 위대한 아버지, 신, 왕, 족장, 법, 국가가 숭배의 대상이다. 하지만 모계 중심 문화에서 가부장적 문화로 나아가는 것도 진보 과정이기는 하지만 두 형태 모두 공통점이 있다. 인간이 우월한 권위와 정서적 유대를 느끼고, 거기에 맹목적으로 복종한다는 것이다. 자연, 어머니와 아버지에게 묶여 있는 상태로 남음으로써 인간은 세상에서 집에 있는 것 같은 편안함을 느끼는 데 성공하지만 그런 안주의 대가로 크나큰 값을 치러야 한다. 순종, 의존성이 생기고 이성적 능력과 사랑하는 능력의 완전한 발달이 차단되는 것이다. 그래서 인간은 어른이 되어야 함에도 계속 아이로 남게 된다.++

+ 모계사회에 대한 바흐오펜Bachofen과 브리포Briffault의 연구 참고

++ 요즘에 정통 정신분석학자들은 '모친 고착mother fixation'의 여러 개별 사례를 어머니에 대해 해소되지 않은 성적 유대의 결과로 설명하는 경우가 많다. 하지만 이런 설명은 어머니와의 유대가 인간 실존의 곤경에 대해 나올 수 있는 해답 중 하나에 불과하다는 사실

어머니, 대지, 인종 등에 대한 원시적 형태의 근친상간적인 유대, 원시적 형태의 양성과 악성의 황홀경은 인간이 세상에서 집에 있는 듯 안주하는 만족감을 더 고도화된 형태로 찾아낼 수 있다면 사라질 것이다. 이는 그저 지능만 발전해서 되는 것이 아니라 순종하지 않고도 연결된 느낌을 받을 수 있고, 갇혀 있지 않고도 집에 있는 느낌을 받을 수 있고, 억압당하지 않으면서도 친밀감을 느낄 수 있어야 한다. 사회적 척도에서 보면 이 새로운 비전은 기원전 인류의 역사에서 가장 놀라운 시기 중 하나인 기원전 제2천년기second millennium 중반에서 기원전 제1천년기first millenium 중반까지 표출되어 나왔다. 인간 실존에 대한 해법을 이제 자연으로의 회귀나 아버지 같은 존재에 대한 맹목적 복종에서 구하지 않고 인간이 다시 세상에서 집에 온 편안함을 느끼고, 두려운 외로움을 극복할 수 있는 새로운 비전에서 구하게 된 것이다. 이 비전은 인간이 자신의 인간적 능력, 사랑하는 능력, 이성을 이용하는 능력, 아름다움을 창조하고 즐기는 능력, 자신의 인간애를 모든 동료 인간과 함께 공유하는 능력을 온전히 발전시킴으로써 달성할 수 있다는 비전이었다. 불교, 유대교,

을 무시하고 있다. 사회적 측면에서 사람들에게 독립적일 것을 기대하는 문화에서 살고 있는 20세기의 의존적 개인은 혼란과 노이로제에 빠진다. 더 원시적인 사회와 마찬가지로 그가 살고 있는 사회 역시 그의 의존 필요성을 충족시켜줄 사회적, 종교적 패턴을 제공하지 않기 때문이다. 어머니에 대한 '고착'은 일부 문화권에서 종교적 형태로 표현했던 인간 조건에 대한 대답 중 하나가 개인적으로 표현되어 나오는 것이다. 이것은 개인의 온전한 발달과 충돌하는 것이기는 하지만 하나의 대답이다.

기독교가 이런 새로운 비전을 주장했다.

인간이 모든 인간과 하나가 되는 느낌을 받을 수 있는 새로운 유대감은 아버지와 어머니에 대한 순종적 유대와는 근본적으로 다르다. 이것은 자유의 정서적, 지적 제한으로 결속과 연대가 손상받을 일이 없는 형제애로 뭉친 조화로운 유대다. 바로 그렇기 때문에 형제애적 해법은 주관적 선호에 따른 해법이 아니다. 가까이 연결되어 있으면서도 동시에 자유롭고, 전체의 일부이면서 동시에 독립적이길 원하는 인간의 두 가지 필요를 충족시켜줄 수 있는 해법은 이것밖에 없다. 형제애적 해법은 수많은 개인뿐만 아니라 종교 집단이나 세속 집단에서도 체험해온 해법이다. 이 해법을 통해 그들은 개성과 독립성을 제한 없이 누리면서도 함께 연대감을 키울 수 있었고, 지금도 키우고 있다.

4
생존의 필요성과 생존 초월의 필요성

지금 인간이 마주한 곤경과 선택의 가능성을 온전히 이해하기 위해서는 인간 실존에 내재한 또 다른 유형의 근본적 갈등에 대해 반드시 이야기해야 한다. 인간은 사실상 동물과 마찬가지로 신체와 신체적 요구가 있으므로 신체적으로 생존하기 위해 원초적으로 분투한다. 인간이 사용하는 방식은 동물에게 더 발달해 있는 본능이나 반사적인 특성을 갖지 않지만 말이다. 인간의 신체는 행복과 불행, 노예와 자유인 등 자신이 처한 환경에 상관없이 생존하고 싶어지게 만든다. 그 결과 인간은 다른 사람이 자신을 위해 일하도록 만들어야 한다. 과거 인류의 역사에서 인간의 시간 대부분은 식량 채집에 사용됐다. 여기서는 **식량 채집**이라는 용어를 아주 넓은 의미로 사용하고 있다. 동물의 경우 식량 채집은 본질적으로 본능이 제안하는 양과 질에 따라 먹이를 모으는 것을 말한다. 반면 인간의 경우는 선택할 수 있는 식량의 종류에 훨씬 큰 유연성이 존재한다. 하지만 여기서 더 나아가 인간은 일단 문명화의 과정을 시작하고 나면 식량만 채집하는 것이 아니라 옷감을 만들고, 보금자리를 만들기 위해서도 일을 한다. 그리고 더 발전된 문화권에서는 신체의 생존에 꼭 필요하지는 않지만 현실적인 필요에 따라 만들어진 물질적 기반을 바탕으로 문화의 발달을 가능하게 해주는 많은 것들을 생산하기 위해 일을 하게 된다.

인간이 생계를 유지하면서 평생을 사는 데 만족했다면 문제가 없었을 것이다. 그럼 인간이 개미의 본능을 갖고 있지는 않지만 그럼에도 개미 같은 실존을 완벽히 감당할 수 있었을 것이다. 하지만 인간이 개미로 존재하는 데 만족할 수 없고 이런 생물학적, 물질적 생존의 영역 말고도 **생존 초월**trans-survival 혹은 **실용 초월**trans-utilitarian 영역이라 부를 수 있는 인간만의 영역이 존재하는 것이 인간 조건의 본질이다.

이는 무엇을 의미할까? 바로 인간은 인식과 상상력을 갖고 있고, 자유의 잠재력도 갖고 있기 때문에 아인슈타인의 말처럼 '컵에 던져진 주사위'가 되지 않으려는 내재적 성향이 있다는 것이다. 인간은 생존을 위해 필요한 것이 무엇인지도 알고 싶어 하지만, 인간의 삶에서 중요한 것이 무엇인지도 이해하고 싶어 한다. 인간은 자신을 인식하는 생물로는 유일한 존재다. 인간은 역사 과정에서 개발한 이런 능력, 그저 생물학적 생존 이상의 과정에 역할을 하는 능력을 이용하고 싶어 한다. 순수한 생리적 현상으로서 배고픔과 섹스는 생존의 영역에 속한다. (프로이트의 심리학 체계는 큰 오류를 겪고 있다. 이 오류는 그의 시대에 만연했던 기계적 유물론의 일부다. 이 오류는 그가 생존에 복무하는 욕망을 바탕으로 심리학을 구축하게 했다.) 하지만 인간에게는 분명히 인간적이고, 생존의 기능을 뛰어넘는 열정이 있다.

이를 마르크스만큼 명확하게 표현한 사람은 없다. "열정passion은 자신의 목적을 달성하기 위해 분투하는 인간의 능력이다."[+] 이 문장에서 열정을 관계relation 혹은 관련성relatedness의 개념으로 고려하고 있다. 인간 본성의 활력은 **세상을 자신의 생리적 필요를 충족시키는 수단으로 이용하는 것보다는 세상과의 관계에서 자신의 능력을 표현하려는 인간의 필요에** 뿌리를 두고 있다. 이것이 의미하는 바는 다음과 같다. 나는 눈이 있기 때문에 볼 필요가 있다. 나는 귀가 있기 때문에 들을 필요가 있다. 나는 정신이 있기 때문에 생각할 필요가 있다. 나는 마음이 있기 때문에 느낄 필요가 있다. 간단히 말하자면 나는 인간이기 때문에 인간이 필요하고, 세상이 필요하다. 마르크스는 자신이 말한 '인간의 능력'이 의미하는 바를 아주 분명하게 밝혔다. 이것은 열정적인 방식으로 세상과 관계 맺고 있다. "시각, 청각, 후각, 미각, 촉각, 생각, 관찰, 느낌, 욕망, 행동, 사랑 등 그가 말한 세

+ 《에리히 프롬, 마르크스를 말하다》에 수록된 토머스 보토모어Thomas Bottomore가 영문으로 번역한 〈마르크스의 경제학 및 철학 원고〉 참고

상에 대한 **인간의** 관계 안에서는 개인의 모든 장기가 인간적 현실의 능동적 표현Betätigung이다. 사실 나는 사물이 인간적인 방식으로 인간과 관련이 되어 있을 때만 인간적인 방식으로 그 사물과 관계를 맺을 수 있다."[+]

인간의 욕구는 실용 초월적이기 때문에 근본적이고 구체적인 인간적 필요의 발현이다. 바로 인간 및 자연과 관계를 맺고, 이런 관련성 안에서 자신을 확인하는 것이다.

이 두 가지 형태의 인간 실존, 즉 좁거나 넓은 의미에서 생존을 위해 식량을 채집하는 것과 인간의 능력을 표현하고 실용성 너머의 의미를 추구하는 자유롭고 자발적인 행동은 인간의 실존에 내재해 있다. 각각의 사회와 각각의 인간은 이 두 가지 생존 형태가 나타나는 자기만의 특정한 리듬을 갖고 있다. 여기서 중요한 것은 이 각각의 두 형태가 가지고 있는 상대적 강도 그리고 어느 쪽이 더 우세한가의 문제다.

행위나 사고 모두 이런 양극적인 이중 성질이 있다. 보통 생존의 수준에서 일어나는 활동을 일이라고 부른다. 생존 초월적 수준에서 이루어지는 활동으로는 보통 놀이라고 하는 것이나, 추종, 의식, 예술과 관련된 모든 활동이 해당한다. 생각 역시 두 가지 형태로 나타난다. 한 가지는 생존의 기능에 복무하는 것이고, 하나는 이해와 직관이라는 의미의 지식 기능에 복무한다. 의식과 소위 무의식을 이해할 때는 생존적 사고와 생

+ 앞의 책, 132쪽

존 초월적 사고의 구분이 매우 중요하다. 의식적 사고는 언어와 연관된 유형의 생각으로, 어린 시절부터 각인된 생각의 사회적 범주를 따른다.+ 우리의 의식은 본질적으로 그런 현상에 대한 인식이다. 언어, 논리, 금기로 이루어진 사회적 필터 덕분에 우리는 그런 현상을 인식할 수 있다. 이런 현상 중 사회적 필터를 통과하지 못하는 것은 무의식에 남는다. 혹은 더 정확히 말하자면 우리는 사회적 필터가 출입을 막아서 의식으로 뚫고 들어올 수 없는 것들은 전혀 인식하지 못한다는 것이다. 의식이 사회의 구조에 따라 결정되는 이유가 바로 이것이다. 하지만 이 진술은 서술에 불과하다. 인간이 자신에게 주어진 사회 안에서 일을 해야 한다는 점을 고려하면 생존의 필요성 때문에 인간은 사회적 개념을 받아들이고, 따라서 혹시나 자신의 의식이 다른 스키마schema, 지식 구조로 각인되었을 때 인식하게 된 것을 억눌러야 한다. 여기서 이 가설의 사례를 들먹이기는 적절하지 않지만, 독자가 다른 문화들을 연구해보면 스스로 어렵지 않게 사례를 찾아볼 수 있을 것이다. 산업시대 안에서 생각의 범주는 수량화quantification, 추상, 비교, 이익과 손실, 효율과 비효율성이다. 예를 들어 현재 소비자 사회의 구성원들은 성적 욕망을 억누를 필요가 없다. 산업사회의 스키마에서는 섹스가 금지되어 있지 않기 때문이다. 반면 소비

+ 벤저민 워프Benjamin Whorf의 작품은 언어 그리고 생각과 경험의 양식 차이 사이의 이런 긴밀한 연관을 보여준다. 참고로 어니스트 G. 샤흐텔은 《변형》과 앞에 나온 논문에서 이 문제에 중요한 기여를 했다.

하기보다는 자본을 축적하고 투자하는 데 바빴던 19세기 중산층의 구성원들은 성적 욕망을 억눌러야 했다. 이런 욕망은 소유와 비축이라는 사회적 분위기, 더 정확히는 중산층의 분위기와 맞지 않았기 때문이다. 중세시대나 그리스의 사회, 혹은 푸에블로 인디언Pueblo Indians의 문화를 생각해보면 이들이 삶의 서로 다른 모습을 강하게 의식했다는 것을 쉽게 알 수 있다. 각각의 사회적 필터에 따라 어떤 모습은 금기한 반면, 다른 모습은 의식 속에 들어가는 것이 허용되었다.

인간이 자기 사회의 사회적 범주를 받아들일 필요가 없는 가장 분명한 경우는 잠을 자는 동안이다. 잠은 인간이 자신의 생존에 신경을 써야 할 필요성에서 자유로워지는 상태다. 인간은 깨어 있는 동안에는 대체로 생존 기능에 따라 결정된다. 반면 자는 동안에는 자유인이 된다. 그 결과 생각이 사회의 생각 범주에 종속되지 않고 꿈에서 보통 보이는 특별한 창조성을 나타내게 된다. 꿈을 꾸는 동안 인간은 상징을 만들어내고, 식량을 채집하고 방어하느라 바쁜 생명체인 동안에는 욕심낼 수 없는, 삶과 자신의 성격에 대한 통찰을 얻게 된다. 실제로 꿈에서는 사회적 현실과의 접촉이 없기 때문에 태곳적이고, 원시적이고, 악한 경험과 사고를 할 수도 있다. 하지만 이런 것들 역시 사회의 사고 패턴이 아닌 **자기 자신**을 표상해주는 진짜들이다. 꿈에서 개인은 자기 사회의 협소한 경계를 초월해서 온전한 인간이 된다. 프로이트가 발견한 꿈의 해석이 우리 모두의 내면에 잠재된 검열받지 않은 인간성을 이해할 길을 닦아준 것도 그 때문이다. 물론 그는 기본적으로 꿈을 억압된 성적 본능으로 바라보았지만 말이다. (때로는 교육 과정을 통해 충분히 세뇌되지 않은 아이나, 사회와의 모든 관계를 차단한 정신병 환자가 사회에 적응한 성인에게는 불가능한 통찰과 창의적 예술을 보여주기도 한다.)

하지만 꿈은 인간의 생존 초월적 삶의 한 특별한 사례일 뿐이다. 초월적 삶이 주로 표현되는 방식은 의식, 상징, 그림, 시, 드라마, 음악 등이다. 우리는 대단히 논리적이고, 실용적으로 생각하기 때문에 이 모든 현상이 생존 기능에 복무한다고 해석한다(한 속류 마르크스주의vulgarized Marxism는 형태적으로는 아니지만 실질적으로는 이런 유형의 유물론과 동맹을 맺을 때가 있다). 루이스 멈퍼드처럼 더 심오한 관찰자들은 프랑스의 동굴벽화와 원시 도기의 장식물을 비롯해서 더 발전된 형태의 예술도 그 안에 실용적 목적이 없다는 사실을 강조했다. 이들의 기능은 인간의 육체가 아니라 영혼의 생존에 도움을 주는 것이라 말하는 사람도 있을 것이다.

여기에 **아름다움**과 **진실**의 연결고리가 존재한다. 아름다움은 **'추함'**의 반대말이 아니라 **'거짓'**의 반대말이다. 이것은 사물이나 사람의 기본적 성질에 대한 감각적 진술이다. 불교 선종의 가르침에서 보면 아름다움을 창조한다는 것은 자신이 그리는 것으로 자신을 채워 그 자체가 되기 위해 자신을 비워낸 마음의 상태를 전제로 한다. '아름다움'과 '추함'은 그저 문화에 따라 달라지는 편리한 범주에 불과하다. 우리가 아름다움을 이해하지 못한다는 것을 보여주는 좋은 사례가 있다. 보통 사람들이

'노을'을 아름다움의 예시로 꼽는 성향이 있다. 마치 비나 안개는 몸을 불편하게 만들 때는 있지만 노을만큼 아름답지 않다는 듯이 말이다.

모든 위대한 예술은 본질적으로 자기와 공존하는 사회와 충돌한다. 예술은 진실이 해당 사회의 생존 목표에 부합하는 것이든, 방해하는 것이든 따지지 않고 실존에 대한 진실을 표현하기 때문이다. 모든 위대한 예술은 혁명적이다. 인간의 현실을 건드리고, 인간 사회의 다양한 과도기적 형태의 현실에 대해 의문을 제기하기 때문이다. 정치적 반동분자인 예술가는 위대한 예술가이기만 하다면 자기네 사회의 특정한 형태만을 반영하는 '사회주의적 사실주의socialist realism' 예술가보다 더 혁명적이다.

전체 역사에서 과거와 현재의 권력자들이 예술을 금지하지 않았다는 것이 참 놀라운 일이다. 여기에는 몇 가지 이유가 있을 것이다. 하나는 예술이 없다면 인간은 영적으로 굶주려 어쩌면 사회의 실용적인 목적을 위해서도 쓸모없는 존재가 되었을지 모른다는 것이다. 또 하나는 예술가가 자신의 독특한 형식과 완벽함 때문에 '외부인'에 대항했고, 자극을 주고 생명을 부여하기는 하지만 자신의 예술을 정치적 용어로 번역하지 않으니 위험하지 않았기 때문이다. 그 외로도 예술은 보통 교육을 받거나 정치적으로 덜 위험한 사회계층만 누리는 것이었다. 과거 역사에서 예술가는 궁정 어릿광대였다. 이들이 진실을 말하도록 허락받은 이유는 특별하기는 하지만 사회적으로 제약이 있는 예술 형태로 진실을 표현했기 때문이다.

우리 시대의 산업사회는 수백만 명의 사람이 훌륭한 라이브 음악이나 녹화된 음악을 듣고, 여러 박물관에서 미술 작품을 감상하고, 플라톤에서 러셀에 이르기까지 문학의 걸작들을 저렴한 가격에 읽어볼 기회가 있고, 또 실제로 그 기회를 이용한다는 사실에 자부심을 느낀다. 일부 소수에게 이런 예술, 문화와의 만남이 진정한 경험이라는 것은 의심할 여지가 없다. 하지만 대다수 사람에게 '문화'란 또 하나의 소비 대상이자 지위의 상징에 불과하다. '올바른' 그림을 보고, '올바른' 음악을 알고, 훌륭한 책을 읽었는지 여부는 대학 교육을 받았는지 말해주는 지표 역할을 해서 사회적 위계에서 더 높은 곳으로 오르는 데 도움이 되기 때문이다. 최고의 예술 작품들이 소비 대상으로 전락해버렸다. 즉 사람들이 예술에 대해 소외된 방식으로 반응한다는 뜻이다. 이를 입증해주는 것도 있다. 콘서트장을 찾고, 클래식 음악을 듣고, 플라톤의 책을 사서 읽는 사람 중에서 텔레비전에서 나오는 천박하고 저속한 프로그램들을 아무런 혐오감 없이 시청하는 사람이 있다는 사실이다. 예술에 대한 그들의 경험이 진정한 것이었다면 텔레비전에서 예술성 없고 시시한 '드라마'가 나오는 것을 보고 꺼버렸을 것이다.

하지만 극적인 것, 인간 경험의 근본을 건드리는 것에 대한 인간의 갈망은 죽지 않았다. 극장이나 스크린에서 상영되는 드라마 대부분이 예술성이 없는 상품이거나 소외된 형태로 소비되는 것들이지만 현대의 '드라마'가 진짜일 때는 원시적이고, 건조하고, 야만적이다.

오늘날 드라마에 대한 갈망은 대부분의 사람이 실제 혹은 가상의 사고, 범죄, 폭력에 매력을 느낀다는 점에서 가장 잘 나타난다. 자동차 사고나 불이 나면 아주 열심히 구경하는 사람들이 몰려든다. 이들은 왜 그러는 것일까? 한마디로 삶과 죽음의 근본적인 대치가 통상적인 경험의 표면으로 뚫고 들어가 드라마에 굶주린 사람들을 매료시키기 때문이다. 그와 마찬가지 이유로 신문이 제일 잘 팔릴 때도 범죄나 폭력에 관한 기사가 실렸을 때다. 겉으로는 그리스의 연극이나 렘브란트의 그림을 높이 평가하고 있지만, 실제로는 텔레비전 스크린에서 직접 보이는 것이든, 신문에 기사로 난 것이든 범죄, 살인, 폭력 같은 것이 이들을 대체하고 있다.

5
"인간적 경험"

현대 산업사회의 인간은 지적 발달을 이루어왔고, 거기에 아직 한계가 보이지 않는다. 그와 동시에 인간은 성욕, 공격성, 두려움, 배고픔, 갈증 등 동물과 공유하는 감각과 경험을 강조하는 성향이 있다. 여기서 결정적인 질문은 다음과 같다. 하부 뇌lower brain에 뿌리를 두지 않는 오로지 인간적인 감정 경험이 존재할까? 신피질이 엄청나게 발달하면서 인간의 지적 능력은 계속 발전해왔지만 인간의 하부 뇌만큼은 영장류 선조들의 것과 거의 다를 바가 없어서 감정과 관련해서 보면 인간은 완전히 성숙하지 못하고, 기껏해야 자신의 '욕망'을 억압이나 통제를 통해서만 처리할 수 있다는 관점이 종종 목소리를 내고 있다.+

+ 예를 들어 저명한 생물학자 루트비히 폰 베르탈란피Ludwig von Bertalanfy도 이런

나는 지적인 특성도 아니고, 동물이 경험하는 감정과 같지도 않은 특별히 인간적인 경험이 존재한다고 제안한다. 신경생리학 분야에 정통한 사람이 아니다 보니 나로서는 추측만 할 수 있을 뿐이다.⁺ 커진 신피질과 오래된 뇌 사이의 이 특별한 관계가 이 특별한 인간적 감정의 밑바탕이다. 사랑, 다정함, 연민 그리고 생존 기능에 복무하지 않는 모든 애착 등 특별히 인간적인 감정 경험은 새로운 뇌와 오래된 뇌 사이의 상호작용에 기반해서 나온 것이라 추측할 만한 이유가 있다. 따라서 인간은 지능에서만 동물과 구별되는 것이 아니라 신피질과 동물적 감성 기반 사이의 상호작용에서 나온 새로운 정서적 특징으로도 구별이 된다. 인간의 본성을 공부하는 사람은 이 특별히 인간적인 감정을 경험적으로 관찰할 수 있고, 신경생리학이 아직 이런 경험에 대한 신경생리학적인 기반을 입증하지 못했다는 사실에 연구를 단념해서는 안 된다. 인간 본성에 관한 다른 많은 근본적 문제와 마찬가지로 인간의 과학을 연구하는 사람들은 신경생리학이 아직 파란불을 켜주지 않았다고 관찰 내용을 무시할 수 있는 위치에 있지 않다. 신경생리학은 물론 심리학까지도 각각

관점을 가지고 있다. 그는 다른 원리에서 출발했지만 다른 많은 측면에서 이 책에서 표명한 것과 유사한 결론에 도달하고 있다.

⁺ 자극이 되는 소통을 해주신 멕시코의 고故 라울 에르난데스 페온Raul Hernandez Peon 박사님과 뉴욕 록랜드 주립병원의 맨프레드 클라인즈Manfred Clynes 박사님께 감사드린다.

의 과학 분야는 자기만의 연구 방식을 가지고 있고, 과학 발전 단계의 어느 한 시점에서 가서 다룰 수 있게 되면 그런 문제들을 필연적으로 다루게 될 것이다. 신경생리학에서 나온 결론에 대해 알고, 그 결론에 자극받고, 도전받는 것 역시 심리학자의 과제이지만, 또한 신경생리학자들에게 의문을 제기하고, 자신이 찾아낸 것을 확인하거나 부정해달라고 촉구하는 것 역시 심리학자들의 과제다. 심리학과 신경생리학 양쪽 과학 모두 거의 시작 단계라 할 수 있을 정도로 신생 학문이다. 이 두 학문은 상대적으로 독립적으로 발전하면서도 서로 긴밀한 접촉을 유지하며 서로에게 문제를 제기하고, 자극을 주어야 한다.[+]

인간 특유의 경험을 지금부터는 '인간적인 경험humane experience'이라 부르겠다. 이것에 대해 논의할 때는 '탐욕'에 대해 먼저 검토하며 시작하는 것이 가장 좋을 듯하다. 탐욕이란 인간이 어떤 목표를 달성하도록 내모는 **욕망**의 공통 특성을 말한다. 탐욕이 아닌 감정에서는 인간이 무언가를 향해 내몰리지도 않고, 수동적이지도 않지만 자유롭고 능동적이다.

탐욕은 두 가지 방식으로 동기가 부여될 수 있다.

+ 생존을 위해 기능하는 욕망에 관해서만 따진다면 이런 정서적 감각의 전체적 측면과 유사한 컴퓨터를 개발하는 것이 아예 불가능해 보이지는 않는다. 하지만 생존의 목적에 복무하지 않는, 특별히 인간적인 감정이라는 측면에서 따진다면 비생존적 기능과 유사한 컴퓨터를 구축하는 일을 상상하기는 어려워 보인다. 인간적 경험이란 기계로 재현할 수 없는 경험이라고 역으로 정의할 수도 있을 것 같다.

(1) 음식, 마실 것 등에 대한 탐욕적 욕망을 만들어내는 생리적 불균형을 통한 동기다. 일단 생리적 필요가 충족되고 나면 그 불균형이 만성적인 것이 아닌 한 탐욕은 가라앉는다.

(2) 심리적 불균형, 특히 증가한 불안, 외로움, 불안정, 정체성 결여 등이 존재하는 상태에 따른 동기다. 이런 것은 음식, 성적 만족, 권력, 명성, 재산 등에 대한 욕망을 만족시켜주면 해소된다. 이런 유형의 탐욕은 원칙적으로 그 사람의 불안 등이 멈추거나 크게 줄어들지 않는 한 충족되지 않는다. 첫 번째 유형의 탐욕은 환경에 반응하는 것이고, 두 번째 유형은 성격 구조 안에 내재해 있다.

탐욕의 감정은 대단히 자기중심적이다. 배고픔이든, 갈증이든, 성욕이든 탐욕을 느끼는 인간은 그 대상을 오직 자기만을 위해 탐한다. 그리고 욕망을 충족시켜주는 대상은 오직 목표를 달성하기 위한 수단이다. 배고픔과 갈증에 관해 이야기할 때는 이점이 분명하다. 하지만 탐욕의 형태로 생겨나는 성적 흥분에 관해 얘기할 때도 마찬가지다. 여기서 그 상대방을 **대상화**한다. 반면 탐욕스럽지 않은 감정에서는 자기중심성이 거의 없다. 이 경험은 자신의 목숨을 보전하거나, 불안을 가라앉히거나, 자신의 에고Ego, 자아를 충족, 강화하기 위해 필요한 것이 아니다. 이 경험은 강력한 긴장을 가라앉히는 용도로 작용하지 않지만 생존의 필요성이나 불안을 가라앉힐 필요성이 끝나는 지점에서 시작된다. 탐욕스럽지 않은 감정에서 사람은 자신을 내려놓을 수 있고, 자기가 갖고 있는 것, 자기가 갖고 싶은 것에 강박적으로 매달리지도 않는다. 그 대신 마음이 열려 있고 잘 호응한다.

깊은 사랑 없이도, 하지만 현저한 탐욕 없이도 성적 경험을 통해 육감적인 쾌락을 얻을 수 있다. 성적 흥분은 생리적으로 자극되고, 이것은 인간적 친밀함으로 이어질 수도, 이어지지 않을 수도 있다. 이와 정반대되는 종류의 성적 욕망에서는 그 순서가 뒤집힌다. 즉 사랑이 성적 욕망을 만들어내는 것이다. 이 의미를 더 구체적으로 말하면 남자와 여자가 관심, 앎, 친밀감, 책임감의 측면에서 서로에게 깊은 사랑을 느끼면 이런 깊은 인간적 경험이 육체적 합일에 대한 소망을 일깨운다. 반드시 그런 것은 아니지만 20대 중반이 넘은 사람들에게서는 이 두 번째 유형의 성욕이 분명 더 자주 일어날 것이다. 그리고 이것이 오랜 기간 지속되는 일부일처제의 인간관계에서 성욕이 유지될 수 있는 근거다. 이런 유형의 성적 흥분이 일어나지 않고, 그냥 생리적인 흥분만 일어나는 경우는 변화와 새로운 성적 경험을 요구하는 경향이 자연스럽게 생겨난다. (물론 성적 도착이 두 사람을 평생 묶어 주는 경우도 있다. 이런 도착으로 지속되는 관계는 별개로 본다.) 이 두 종류의 성적 흥분은 본질적으로 불안과 자기도취로 생기는 탐욕스러운 성적 흥분과는 근본적으로 다르다.

탐욕스러운 성과 '자유로운' 성을 구분하는 것이 무척 복잡하기는 하지만 구분이 존재하기는 한다. 《킨제이 보고서*Kinsey Reports*》처럼 성관계에 대해 자세하게 다루는 책을 통해 입증될 수도 있겠지만 나는 이런 책이 쓰일 때까지 기다릴 필요가 없다고 믿는다. 그런 차이를 인식하고, 거기에 민감한 사람이라면 모두 다 자기 안에서 다양한 유형의 성적 흥분을 관찰할 수 있을 것이고, 빅토리아 시대의 중산층보다 성적 실험을 더 많이 해볼 수 있는 사람은 그런 관찰을 해볼 수 있는 자료가 더 풍부할 것이라 추정해볼 수 있다. 내가 여기서 **추정**이라고 말하는 이유는 안타깝게도 성적 실험은 증가하였지만 성적 경험의 질적 차이에 대한 안목이 거기에 충분히 부합하지 못했기 때문이다. 하지만 나는 이런 문제에 대해 생각해보면 이런 구분의 정당성을 입증해줄 수 있는 사람들이 상당히 존재할 거라 믿는다.

이제 우리는 다음에 나오는 설명이 어떤 식으로든 철저한 것이라 주장하지 않으면서 다른 '인간적 경험'에 대해 논의할 수 있다. 탐욕스럽지 않은 성욕과 관련이 있으면서도 그와는 다른 것이 바로 **다정함** tenderness 이다. 오로지 '욕망'만을 다루고 있는 프로이트 심리학은 필연적으로 이런 다정함을 성욕의 결과로, 억눌린 성적 욕망으로 설명해야 한다. 그의 이론에 따르면 이런 것이 무조건 필연적인 것인데 정작 관찰해보면 다정함은 억눌린 성적 욕망으로 설명할 수 없는 현상임을 알 수 있다. 다정함은 독특한 경험이다. 다정함의 첫 번째 특징은 탐욕에서 자유롭다는 것이다. 다정함의 경험 속에서 사람은 상대방으로부터 아무것도 바라지 않는다. 심지어 보답조차 바라지 않는다. 특정한 목표나 목적이 없다. 심지어 상대적으로 탐욕적이지 않은 형태의 섹스에 존재하는 목적, 즉 마지막 육체적 정점이라는 목적조차 없다. 다정함은 어떤 성별이나 어떤 나이에 제한되어 있지 않다. 아마도 시 말고는 다정함을 언어로 표현하기 힘들 것이다. 다정함은 사람이 누군가를 만지는 손길, 바라보는 시선, 목소리에서 제일 잘 표현된다. 다정함의 뿌리는 엄마가 아기를 향해 느끼는 다정함에 뿌리가 있다고 말할 수도 있겠지만 그렇다 하더라도 인간의 다정함은 아이에 대한 엄마의 다정함을 훨씬 초월한다. 아기와의 생물학적 유대로부터 자유롭고, 어머니 같은 사랑 속에 들어 있는 자기애적 요소로부터도 자유롭기 때문이다. 다정함은 탐욕에서뿐 아니라 성급함과 목적에서도 자유롭다. 인간이 자신의 역사 속에서 내면에 만들어낸 모든 감정 중에 아마도 순수하게 인간적인 특질로만 따지면 다정함을 넘어설 것이 없을 것이다.

연민compassion과 **공감**empathy은 다정함과 분명 관련이 있지만 완전히 동일하지는 않은 두 가지 다른 감정이다. 연민의 본질은 다른 사람과 함께 아파한다, 혹은 더 넓은 의미에서는 다른 사람과 '함께 느낀다'는 것이다. 사람을 외부에서 보며 내가 관심을 두거나 걱정하는 '대상object'으로 대하는 것이 아니라 (대상object과 반대objection가 한 뿌리에서 나온 단어임을 절대 잊지 말자) 자신이 다른 사람 안으로 들어간다는 의미다. 즉 그 사람이 경험하는 것을 내 안에서 경험한다는 뜻이 된다. '나'로부터 '당신'에게 가는 관련성이 아니라 '내가 당신이다Tat Twam Asi'라는 구절로 특징지을 수 있는 관련성이다. 연민 혹은 공감은 다른 사람이 경험하는 것을 내가 내 안에서 경험한다는 것을 암시하고, 이 경험 속에서 그 사람과 내가 하나가 된다는 뜻이다. 다른 사람에 대한 모든 지식은 그가 경험하는 것을 내가 내 안에서 경험한 것을 바탕으로 할 때라야만 진정한 지식이 된다. 그러지 못하고 그 사람이 대상으로 남아 있다면, 내가 그 사람에 대해 많은 것을 알지는 몰라도 진정 **그를 알지** 못하는 것이다.[+] 괴테는 이런 종류의 지식을 아주 간결하게 표현했다.

"인간은 자신을 오직 자기 안에서만 안다. 그리고 그는 세상 속에서 자신을 인식한다. 진정으로 인식되는 각각의 새로운 대상은 우리 자신 안에서 새로운 장기를 연다."

관찰하는 주체와 관찰되는 대상 사이의 분열에 대한 극복을 바탕으로 하는 이런 지식이 나오기 위해서는 당연히 내가 위에서 언급했던 인본주의적 약속, 즉 모든 사람이 자기 안에 모든 인간성을 담고 있다는 전제가

+ 정신분석이나 비슷한 형태의 심층 심리치료에서 환자에 대한 지식은 분석가가 그 사람에 대해 많은 것을 알 수 있는 데이터를 충분히 수집하는 능력에 있는 것이 아니라 그 환자 자체를 아는 능력에 달려 있다. 환자의 발달 과정이나 경험에 관한 데이터가 그를 아는 데 도움이 될 때가 많다. 하지만 그런 것은 데이터가 필요하지 않은 지식에 보태는 부가물에 불과하다. 오히려 타인에 완전히 열려 있고, 자기 내면도 완전히 열려 있는 것이 중요하다. 그런 일은 그 사람을 보는 순간에 바로 일어날 수도 있고, 한참 후에 일어날 수도 있지만, 이런 지식 행위는 순간적이고 직관적으로 일어나는 것이지, 그 사람의 인생사에 대해 차츰 정보를 축적하다가 그 최종 결과물로 일어나는 것이 아니다.

필요하다. 즉 정도는 다양하지만 우리는 자기 내면에서 모두 성인이면서 범죄자이고, 따라서 타인의 내면에 우리가 자신의 일부로 느낄 수 없는 것은 존재하지 않는다는 의미다. 이런 경험을 하려면 혈연관계든, 나와 같은 음식을 먹고, 같은 언어로 말하고, 같은 '상식'을 갖고 있다는 사실로든 자기에게 익숙한 것하고만 관계를 맺는 편협함으로부터 벗어나야 한다. 연민과 공감의 지식이란 의미로 사람을 **안다는 것**은 자신에게 주어진 사회, 인종, 문화 등의 편협한 유대를 걷어내고 인간적 현실의 심연으로 뚫고 들어가야 한다. 그곳에서 우리는 모두 인간에 불과하다. 우리는 진정한 연민과 사람에 대한 지식을 인간의 발달에서 혁명적인 요소로서 대체로 과소평가해왔다. 예술에서 그랬던 것처럼 말이다.

자본주의와 그 윤리학의 발달 과정에서 가톨릭-중세 세계의 핵심 미덕이었던 연민(혹은 자비)이 더는 미덕이 아니게 된다. (예를 들어 벤저민 프랭클린Benjamin Franklin이 나열한 미덕 중에는 연민, 사랑, 자비가 아예 언급조차 되지 않았다.) 새로운 윤리 규범은 '진보'다. 그리고 진보의 의미는 기본적으로 **경제적** 진보, 즉 생산의 증가와 더욱 효율적인 생산 시스템의 창조를 의미한다. '진보'에 복무하는 인간의 특질은 모두 미덕에 해당한다. 그리고 진보를 방해하는 특질은 모두 '죄악'이다. 19세기의 가혹한 노동자 착취하는 경우든, 경쟁자를 파괴하는 경우든, 쓸모없는 생산품을 광고하는 경우든 연민은 진보의 추구를 방해할 것이다. 따라서 연민은 더는 미덕이 아니라 지나친 감상이나 어리석음으로 여기게 된다. 진보의 추구가 핵심 윤리 규범으로 자리 잡게 되면 사람은 무자비하고 비인간적인 방식으로 행동할 때도 '선한 양심'에 따라 행동할 수 있게 된다. 이런 경향은 제1차 세계대전 이후에 궁극적으로 발현된다. 전쟁 중에는 정치적 목적을 위한 무력의 무제한 사용의 원리가 여전히 제한되어 있었다. 연민 어린 고려가 있었기 때문이다. 그래서 비무장 민간인에 대한 살상이 금지되어 있었다. 하지만 그 이후로 그런 고려가 대체로 사라지게 된다. 제2차 세계대전 동안의 공습으로 대규모 민간인 살상, 베트남전에서 비전투 소작농에 대한 살상, 히틀러와 스탈린 정권, 알제리, 브라질, 베트남에서 고문 사용 등은 정치적, 경제적 목적을 추구하면서 연민이 완전히 사라져버렸음을 보여준다. 잔혹함의 증가는 상당 부분 연민의 감소로 이어진다.

현대 산업사회에서는 연민의 행위가 '자선 활동philanthropy'으로 대체되었다. 자선 활동은 사람의 도덕적 양심을 충족시키기 위해 관료주의적으로 조직되고, 소외된 형식이다. 따라서 연민이 전혀 없는 상태에서 취득한 경우가 많은 돈이 연민의 복사물로 주어진다. 심지어는 복지국가로 이어진 사회정의의 의식도 연민의 표현이 전혀 아니다. 이것은 소비자 시장 성장의 필요성, 빈곤층의 정치적 압력(그리고 간접적으로는 혁명에 대한 두려움), 산업국가의 민주적 평등 의식 성장 등 아주 복잡하게 뒤섞인 동기가 만들어낸 결과지만, 그 동기 중에 연민은 들어 있지 않은 것 같다.

다정함, 사랑, 연민은 아주 섬세한 감정적 경험이고, 일반적으로 사람들도 그렇게 인식한다. 이제부터는 명확하게 감정으로 인식되기보다는 태도로 불리는 경우가 많은 '인간적 경험'에 대해 얘기해보고 싶다. 지금까지 얘기했던 경험들과의 중요한 차이점은 이런 인간적 경험들은 타인과의 직접적인 관련성을 표현하는 것이 아니라 자기 내면의 경험이며, 이차적으로만 타인에게 귀착된다는 사실이다.

이 두 번째 그룹 중 내가 제일 먼저 설명하고 싶은 것은 '**관심**interest'이다. 요즘에는 **관심**이라는 단어가 그 의미를 잃어버렸다. 이런저런 것에 "관심이 있다"라고 말하면 거의 이런 말과 같은 의미가 되어 버렸다. "그거에 대해서 뭐 특별히 강한 느낌이 있는 것은 아니지만 그렇다고 완전히 무관심한 것도 아니야." 이 말은 강렬한 감정이 결여된 것을 숨기기 위한 속임수 단어 중 하나이고, 어떤 산업의 주식에 관심이 있다는 의미에서 어떤 여성에게 관심이 있다는 말까지 거의 모든 관심을 포괄할 수 있을 정도로 모호한 말이다. 하지만 이렇게 전반적으로 그 단어의 의미가 퇴색되었다고 해서 그 단어를 원래의 깊은 의미로 사용하지 말란 법은 없다. 그리고 이것은 그 단어들에 원래의 위엄을 되돌려준다는 의미다. 관심을 의미하는 영어 'interest'는 라틴어 'interesse'에서 왔다. '중간에 있다to be in-between'라는 뜻이다. 무언가에 관심이 있다면 반드시 자신의 에고를 초월해서 세상에 마음을 열고, 그 안으로 뛰어들어야 한다. 관심은 능동성에 바탕을 두고 있다. 관심은 상대적으로 일정하게 유지되는 태도로서, 사람이 어느 때건 바깥세상을 지적으로, 또한 정서적으로, 감각적으로 이해할 수 있게 해준다. 관심이 많은 사람은 다른 사람들의 관심의 대상이 된다. 관심이란 것은 감염성이 있어서 도움 없이는 관심을 개시할 수 없는 사람들에게 관심을 일깨워주기 때문이다. 관심의 의미는 정반대의 것을 생각해보면 훨씬 명확해진다. 바로 호기심curiosity이다. 호기심이 많은 사람은 기본적으로 수동적이다. 그는 누군가가 지식과 감각으로 자신을 채워주기를 원하지만 결코 만족하지는 못한다. 지식의 심도와 질이 정보의 양으로 대체되어 있기 때문이다. 호기심을 충족할 수 있는 가장 중요한 영역은 가십gossip이다. 작은 마을에서 유리창에 앉아 작은 망원경으로 주변에서 무슨 일이 지켜보는 여성들의 가십이든, 신문 칼럼을 채우거나, 교수진 회의나 경영진 회의, 혹은 작가와 예술가들의 칵테일파티에서 일어나는 좀 더 정교한 가십이든 말이다. 호기심은 본질적으로 충족이 불가능하다. 악의적이기도 하거니와 '그 사람의 본질이 무엇인가?'라는 질문에 결코 답하지 않기 때문이다.

관심의 대상은 사람, 식물, 동물, 개념, 사회구조 등 대단히 다양하며, 관심사가 무엇인지는 그 사람의 기질과 특정 성격에 어느 정도 좌우된다. 그럼에도 그 대상은 이차적이다. 관심은 모든 것에 스며들어 있는 태도이며, 세상에 대한 관련성의 일종이다. 아주 광범위한 의미로 관심을 정의하면 살아 있는 사람이 살아서 자라는 모든 것에 대해 갖는 관심이라 말할 수도 있겠다. 한 사람이 갖고 있는 이런 관심의 영역이 작더라도, 그 관심이 진정한 것이라면 다른 분야에서 그 사람의 관심을 일깨우는 데 어려움이 없을 것이다. 그는 관심이 많은 사람이기 때문이다.

여기서 논의할 또 다른 '인간적 경험'은 **책임** responsibility 이다. '**책임**'이라는 단어 역시 원래의 의미를 잃어버리고 보통 의무 duty 와 동의어로 쓰인다. 의무는 비자유의 영역에 속한 개념인 반면, 책임은 자유의 영역에 속한 개념이다.

의무와 책임의 차이는 권위적 양심 authoritarian conscience 과 인본주의적 양심 humanistic conscience 의 차이에 해당한다. 권위적 양심은 본질적으로 자신이 굴복한 권위자의 명령에 따를 준비가 되어 있는 것을 말한다. 이것은 미화된 복종이다. 인본주의적 양심은 자기 내면에서 올라오는 인간애의 목소리에 귀 기울일 준비가 되어 있는 것을 말하며 다른 누군가가 내리는 명령에서 독립적이다.+

'인간적 경험'의 이 서로 다른 두 가지 유형을 감정, 애착, 태도 등의 측면에서 분류하기는 쉽지 않다. 하지만 어떻게 분류하느냐는 중요하지 않다. 모든 분류 자체가 전통적인 구분을 바탕으로 하고 있는데, 그 정당성에 의문이 들기 때문이다. **정체성** sense of identity 과 **진실성** sense of integrity 을 말하는 것이다.

+ 프로이트의 슈퍼에고 superego, 초자아 개념은 권위적 양심을 심리학적으로 공식화한 것이다. 이것은 아버지의 명령이나 금지에 귀를 기울이던 것이 나중에 사회적 권위자에게로 이어지는 것을 의미한다.

근래 들어 정체성의 문제가 심리학적 논의의 전면에 많이 등장하고 있다. 특히 에릭 에릭슨Erik Erikson의 훌륭한 연구에 자극받은 이후로 더욱 그렇다. 그는 '정체성 위기identity crisis'에 대해 이야기하여 산업사회의 주요 심리적 문제 중 하나를 건드렸다. 하지만 내 의견으로 그는 정체성과 정체성 위기의 현상을 온전히 이해하는 데 필요한 만큼 깊숙이 그 문제를 파고들지 못했다. 산업사회에서 인간은 사물로 바뀐다. 사물에는 정체성이 없다. 아니, 정체성이 있던가? 특정 연도에 나온 특정 모델의 포드 자동차는 동일한 모델의 다른 모든 포드 자동차와는 동일하고, 다른 모델이나 빈티지 모델과는 다르지 않던가? 달러 지폐도 같은 디자인, 액면가, 교환가치를 갖고 있지만 사용 기간에 따라 발생하는 종이 질의 차이라는 측면에서 고려하면 여느 다른 달러 지폐처럼 자신의 정체성을 갖고 있지 않던가? 사물은 같을 수도 다를 수도 있다. 하지만 우리는 정체성을 말할 때 사물에는 적용되지 않고, 사람에게만 적용되는 특징을 얘기하는 것이다.

그렇다면 **인간적인** 의미에서 정체성이란 무엇일까? 이 질문에 대해서는 여러 가지 접근 방법이 있지만 그중에서 정체성은 한 사람이 적법하게 '나'라고 말할 수 있게 해주는 경험이라는 개념만 강조하고 싶다. 나의 모든 실질적, 잠재적 활동의 구조를 조직하는 활성 중심으로서 '나' 말이다. '나'라는 이 경험은 자발적 활성 상태에서만 존재하며 수동적이고 반쯤 깨어 있는 상태에서는 존재하지 않는다. 반쯤 깨어 있는 상태란 일어나서 업무를 볼 수 있을 정도로는 깨어 있지만 '나'를 자기 내면의 활성 중심으로 감지할 정도로는 깨어 있지 못한 상태를 말한다.+ 이 '나'라는 개념은 에고의 개념과는 다르다. (여기서 내가 말하는 에고는 프로이트 심리학에서 말하는 에고가 아니라 '자아도취big ego'가 심한 사람이라고 말할 때처럼 자부심이라는 의미로 말하는 것이다.) 나의 '에고'라는 경험은 사물로서의 나 자신에 관한 경험, 내가 가진 몸에 대한 경험, 돈, 집, 사회적 지위, 권력 등 내가 가지고 있는 기억에 대한 경험, 아이, 내가 가진 문제들에 대한 경험이다. 나는 자신을 사물로 보며 내 사회적 역할은 **사물성thingness**의 또 다른 속성이다. 많은 사람이 에고의 정체성을 '나' 혹은 자아self의 정체성과 쉽게 혼동한다. 둘 사이의 차이는 오해의 여지가 없는 근본적인 차이다. 에고의 경험 그리고 에고-정체성의 경험은 소유의 개념에 기반을 두고 있다. 나는 이 '내'가 소유하고 있는 다른 모든 것들을 내가 소유하고 있듯이, '나' 또한 내가 **소유한다**. '나' 혹은 자아의 정체성은 소유having의 범주가 아니라 존재being의 범주를 가리킨다. 나는 내가 살아있고, 관심을 가지고, 연관되고, 능동적인 범위 안에서만 '나'이고, 타인과 나 자신에게 비친 나의 겉모습과 내 인격의 핵심 사이에 통합을 달성한 범위 안에서만 '나'이다. 우리 시대의 정체성 위기는 본질적으

+ 동양적 사고에서는 이 '나'라는 중심이 눈 사이의 한 지점에 있는 것처럼 느껴진다. 신화적 언어로는 '제3의 눈the third eye'이 있었던 곳이다.

로 늘어만 가는 인간의 소외와 사물화reification에 그 밑바탕이 있다. 이 문제는 인간이 다시 생명으로 돌아오고, 다시 능동적으로 되어야만 해결될 수 있다. 소외된 인간이 살아 있는 인간으로 근본적인 전환을 이루는 것 말고는 정체성 위기를 해결할 심리적 지름길은 존재하지 않는다.⁺

에고 대 자아, 소유 대 존재에 대한 강조가 커지면서 우리 언어의 발달에서도 화려한 표현들이 생겨났다. 사람들이 이렇게 말하는 것이 관습이 되어가고 있다. "나 잠을 잘 못 자I cannot sleep" 대신 "나 불면증이 있어I have insomnia", "나는 슬프고 혼란스러워I feel sad, confused" 대신 "나 문제를 갖고 있어I have a problem", "내 아내와 나는 서로를 사랑해My wife and I love each other" 대신 "나는 행복한(때로는 성공적인) 결혼 생활을 갖고 있어I have a happy(successful) marriage"라고 말한다.⁺⁺ 존재 과정에 해당했던 모든 범주가 소유의 범주로 바뀌었다. 정적이며 움직이지 않는 에고는 대상을 소유한다는 측면에서 세상과 관계를 맺지만, 자아는 참여하는 과정을 통해 세상과 관계를 맺는다. 현대인은 자동차, 집, 일자리, '아이', 결혼, 문제, 골칫거리, 만족 등 모든 것을 **갖고 있다have.** 그리고 그것도 모

⁺ 이 짧은 책에서 여기 소개한 정체성 개념과 에릭슨이 제시한 정체성 개념의 차이를 구체적으로 다루기는 힘들다. 이런 차이에 대해서는 다음 기회에 더 구체적으로 다룰 수 있기를 바란다.

⁺⁺ 영어에서 모든 관계를 표현할 때 소유를 의미하는 'have' 동사를 이용하게 된 점을 지적하고 있다. — 옮긴이

자라서 심리분석가도 '갖고 있다I have my psychoanalyst'. 현대인은 '소유'할 뿐 '존재'하지 않는다.

정체성을 전제로 하는 개념이 바로 진실성의 개념이다. 이것은 간단하게 다뤄볼 수 있다. 진실성이란 한마디로 자신의 정체성을 훼손하지 않겠다는 의지를 의미하기 때문이다. 요즘에는 자신의 정체성을 훼손하라는 유혹이 대부분 산업사회에서 발전할 기회로 찾아온다. 사회 안에서 이루어지는 삶은 인간이 자신을 하나의 사물로 경험하게 만드는 성향이 있기 때문에 정체성을 느끼는 것이 보기 드문 현상이다. 하지만 위에서 설명한 의식적인 현상으로서 정체성 말고도, 무의식적인 종류의 정체성도 존재한다는 사실 때문에 문제가 복잡해진다. 무슨 말이냐면, 어떤 사람은 의식적으로는 사물화했지만 무의식적으로는 정체성을 갖고 있다는 말이다. 이는 사회적 과정이 그 사람을 완전히 사물로 전환하는 데 성공하지 못했기 때문에 생기는 일이다. 이런 사람들은 자신의 정체성을 훼손하라는 유혹에는 굴복했을지 몰라도 무의식적으로는 죄책감을 느끼기 때문에 이유를 알 수 없는 불편한 마음이 생긴다. 정통 정신분석학에서는 이런 죄책감을 근친상간의 소망이나 '무의식적인 동성애적 소망'의 결과로 해석하기 쉽다. 하지만 사람은 심리학적 의미로 완전히 죽은 상태가 아니라면 진실성 없이 사는 것에 대해 죄책감을 느끼는 것이 사실이다.

정체성과 진실성에 관해 이야기하면서 또 한 가지 태도에 대해 짧게나마 언급해서 보충할 필요가 있다. W. 폭스W. Fox 대주교가 이 태도에 아주 훌륭한 단어를 붙여주었다. 바로 **취약성**vulerability이다. 자신을 에고로 경험하는 사람, 자신의 정체성이 에고-정체성인 사람은 자연스럽게 그 에고, 즉 자신, 자기 몸, 기억, 재산 등도 지키고 싶지만, 자기 에고의 일부로 자리 잡은 의견이나 감정적 집중의 대상emotional investment도 지키고 싶어 한다. 그는 미라 같은 자가 존재의 영구성과 견고함을 훼방할 수 있는 어떤 사람, 어떤 경험에 대해서도 지속적으로 방어적 태도를 보인다. 그와는 대조적으로 자신을 소유가 아니라 존재로 경험하는 사람은 자신을 취약해지게 놔둔다. 살아 있음으로 존재한다는 것 말고는 아무것도 그에게 속한 것은 없다. 하지만 그는 능동성을 잃을 때마다, 집중력을 잃을 때마다 아무것도 소유하지도 않고, 아무 존재도 아닐 위험에 빠진다. 그가 이 위협과 맞서려면 계속해서 각성하고, 깨어 있고, 살아 있어야 한다. 그리고 그는 **존재하지** 않고 **소유함**으로써 안전한 에고-인간에 비해 취약하다.

이제 다른 '인간적 경험'으로서 희망, 신념, 용기에 관해 얘기하고 싶지만 1장에서 이것에 대해서는 자세히 다루었으니 여기서 추가적인 언급은 하지 않겠다.

'인간적 경험'의 모든 현상에 대해 논의하면서 여기서 논의한 개념들을 암묵적으로 뒷받침하고 있는 그 현상을 명확하게 밝히지 않는다면 그 논의는 불완전할 수밖에 없다. 그 현상은 바로 **초월**transcendence이다. 초월은 관습적으로 종교적 맥락에서 사용되고 있고, 신성의 경험에 도달하기 위해 인간적 차원을 초월한다는 의미가 있다. 신학 체계에서는 초월의 이런 정의가 타당하다. 비신학적 개념에서 보면 신이라는 개념은 에고의 감옥을 떠나 열린 자유와 세상과의 관련성을 달성하는 행동에 대한 시적 상징이라 말할 수 있다. 초월을 비신학적 의미로 말한다면 신이라는 개념은 필요하지 않다. 하지만 그래도 심리적인 실체는 동일하다. 사랑, 다정함, 연민, 관심, 책임, 정체성 등의 기반은 존재 대 소유의 기반과 동일하며, 곧 에고를 초월한다는 **의미**다. 즉 자신의 에고를 내려놓고, 탐욕을 내려놓는 것을 의미하며, 자신을 채우기 위해 자신을 비우고, 부자가 되기 위해 가난해지는 것을 의미한다.

육체적으로 살아남고자 하는 소망 때문에 우리는 살아 있는 물질이 탄생한 이후로 수백만 년의 진화를 통해 우리에게 각인되어온 생물학적 충동을 따른다. '생존을 넘어서도' 살아남고자 하는 소망은 역사에서 절망과 실패에 대한 대안으로 인간이 만들어낸 창조물이다.

'인간적 경험'에 대한 이런 논의는 **자유**란 온전히 인간적으로 존재하는 특징 의미한다는 말로 마무리할 수 있다. 우리가 물리적 생존의 영역을 초월하고, 두려움, 무능력, 자기도취, 의존성에 떠밀려 움직이지 않는다면 우리는 충동을 초월할 수 있다. 사랑, 다정함, 이성, 관심, 진실성, 정체성은 모두 자유의 자식들이다. 정치적 자유는 인간적인 것의 발전을 도모할 수 있을 때만 인간을 자유롭게 하는 조건이 될 수 있다. 인간의 비인간화에 기여하는 소외된 사회에서 정치적 자유는 결국 **비자유**가 된다.

6 가치관과 규범

지금까지 인간이 처한 상황에서 근본적인 요소 한 가지를 언급하지 않았다. 바로 자신의 행동과 감정을 인도해줄 가치관의 필요성이다. 물론 일반적으로 사람들이 자신의 가치관이라 생각하는 것과 스스로 인식은 하지 못하지만 그들의 행동을 인도하는 실질적 가치관 사이에는 차이가 존재한다. 산업사회에서는 공식적이고 의식적인 가치관은 개성, 사랑, 연민, 희망 등 종교적 전통과 인본주의적 전통에서 온 가치관이다. 하지만 이런 가치관은 대부분의 사람에게서 이데올로기로 변질해버려 더는 인간의 활동에 동기를 부여하지 못하고 있다. 인간의 행동에 직접 동기를 부여하는 **무의식적 가치관**은 관료주의적 산업사회의 사회체계에서 만들어진 가치관, 재산, 소비, 사회적 지위, 재미, 흥분 등의 가치관이다. 의식적이고 효과 없는 가치관과 **무의식적으로** 효과 있는 가치관 사이의 이런 불일치는 사람의 인격 안에서 큰 혼란을 만들어낸다. 자기가 배운 것과 다르게 행동하는데도 배운 것을 잘 준수하면서 살고 있다고 주장하면서 인간은 죄책감을 느끼고, 자신과 타인을 불신하게 된다. 우리의 젊은 세대는 바로 그 불일치를 꿰뚫어 보기에 타협하지 않는 단호한 태도를 취하고 있다.

공식적인 것이든, 실질적인 것이든 가치관은 구조화되지 않는 항목이 아니어서 일종의 위계를 이루고 있다. 이 위계 안에서는 어떤 상위 가치관이 자신을 현실화하는 데 필연적 상관관계가 있는 다른 가치관들을 결정한다. 우리가 조금 전에 논의했던 특별히 인간적인 경험의 발달이 지난 4,000년 동안 서구, 인도, 중국의 심리정신적인psychospiritual 전통 안에서 가치관 체계를 형성했다. 이런 가치관이 계시에 의존하는 경우에는 그 계시의 근원을 믿는 자들에게는 구속력이 있었다. 서구에서 이 계시의 근원이란 곧 신을 의미한다. (불교와 도교의 가치관은 우월한 존재의 계시에 기반하지 않는다. 구체적으로 말하면 불교에서는 인간의 기본 조건, 즉 고통suffering을 검토하고, 그 고통의 근원이 탐욕임을 인식하고, 그 탐욕을 극복할 방법인 '팔정도'를 깨닫는 데서 가치관의 정당성이 비롯된다. 이런 이유로 불교의 가치관 위계는 합리적 사고와 진정한 인간적 경험 말고는 그 어떤 전제도 갖고 있지 않은 사람이라도 접근할 수 있다.) 서구 사람들의 경우 서구 종교에서 제시하는 가치관의 위계가 신의 계시를 통한 것이 아닌 다른 토대를 가질 수 있느냐는 의문이 떠오른다.

요약하면 가치관의 토대로서 신의 권위를 받아들이지 않는 사람들 사이에서는 다음과 같은 패턴을 발견할 수 있다.

(1) 모든 가치관이 개인적 취향의 문제이고, 그런 취향 외로 다른 토대는 존재하지 않는다고 주장하는 완전한 상대주의complete relativism다. 사르트르Jean-Paul Sartre의 철학은 기본적으로 이런 상대주의와 다르지 않다. 인간이 자유롭게 선택한 프로젝트는 무엇이든 될 수 있고, 따라서 진실하기만 하다면 최고의 가치가 될 수 있기 때문이다.

(2) 또 다른 가치관 개념은 사회 내재적 가치관socially immanent values의 개념이다. 이런 입장을 옹호하는 사람들은 각자 자신만의 구조와 모순을 안고 있는 사회에서는 그 사회의 생존이 모든 구성원의 지상과제가 되어야 하고, 따라서 그 특정 사회의 생존에 부합하는 규범이야말로 가장 고귀한 가치관이고 각각의 개인에게 구속력을 갖는다는 전제를 깔고 시작한다. 이런 관점에서 보면 윤리 규범은 사회규범과 동일하고, 사회규범은 사회의 영속에 복무해야 한다. 그 사회의 불공정과 모순까지도 말이다. 사회를 지배하는 엘리트 계층이 가용한 모든 수단을 동원해서 자기 권력의 밑바탕이 되는 사회규범을 신의 계시이든, 인간의 본성에 내재해 있는 것이든 신성하고 보편적인 규범으로 보이게 만들려고 덤벼들 것은 자명하다.

(3) 또 다른 가치관 개념은 생물 내재적 가치관biologically immanent values

이다. 이런 사상을 대표하는 일부 사람들의 주장은 사랑, 충성심, 집단 결속 같은 경험이 거기에 대응하는 동물의 감정에 뿌리가 있다는 것이다. 인간의 사랑과 다정함은 어미 동물이 새끼를 향해 보이는 태도에 그 뿌리가 있다고 생각할 수 있고, 집단 결속은 다양한 동물 종에서 보이는 집단적 응집력에 뿌리가 있다. 할 말이 많은 주장이지만, 이 주장은 인간의 다정함, 결속, 다른 '인간적 경험'과 동물에서 관찰되는 경험 사이의 차이에 관한 중요한 질문에 대답하지 않는다. 콘라트 로렌츠 같은 저자들이 제시한 비유는 설득력이 많이 떨어진다. 생물 내재적 가치 체계는 여기서 논의하고 있는 인본주의 지향적인 가치 체계와 정반대의 결과에 도달하는 경우가 많다. 널리 알려진 한 유형의 사회다윈주의social Darwinism에서는 자기중심주의, 경쟁, 공격성을 최고의 가치관으로 인식한다. 그 가치관들을 종의 생존과 진화가 기대고 있는 주요 원리로 여기기 때문이다.

이 책에서 제시하는 관점에 대응하는 가치 체계는 알베르트 슈바이처Albert Schweitzer가 '생명에 대한 외경reverence for life'이라 부른 개념을 근간으로 하고 있다. 인간 특유의 능력이 더 위대하게 펼쳐지는 데 기여하고, 생명을 조장하는 것은 모두 가치 있거나 선하다. 생명의 목을 조르고 인간의 능동성을 마비시키는 것은 모두 부정적이거나 나쁘다. 불교, 유대교, 기독교, 이슬람교 같은 위대한 인본주의적 종교, 혹은 소크라테스 이

전부터 현대에 이르기까지 위대한 인본주의 철학자들의 모든 규범은 이런 보편적인 가치관의 원리를 고유의 형태로 정교하게 다듬은 것이다. 탐욕 극복하기, 이웃 사랑하기, 진리 알기(이 진리는 사실에 대한 무비판적 지식과는 다르다)는 동서양의 모든 인본주의적 철학 체계와 종교 체계에서 공통적인 부분이다. 인간은 특정 사회적, 경제적 발달단계에 도달하여 단순한 물리적으로 생존하는 것이 아닌 그 이상의 것에 대해서만 생각할 수 있는 시간과 에너지를 확보한 후에야 이런 가치관을 발견할 수 있었다. 하지만 이런 지점에 도달한 이후로는 이런 가치관들을 유지해왔고, 히브리족의 사상가에서 그리스의 도시국가와 로마제국의 철학자, 중세 봉건 사회의 신학자, 르네상스 시대의 사상가, 계몽주의 시대의 철학자, 산업사회의 사상가인 괴테, 마르크스, 우리 시대의 아인슈타인과 슈바이처에 이르기까지 아주 이질적인 사회들 안에서 어느 정도 실천해왔다. 지금의 산업사회 시대에 들어서는 이런 가치관을 실천하기가 점점 더 어려워지고 있다는 데는 의문의 여지가 없다. 사물화된 인간은 생명을 거의 경험하지 못하고, 대신 기계가 자신에게 프로그래밍해준 원칙만을 따르기 때문이다.

메가머신의 비인간화된 사회에 승리를 거두고 인본주의적 산업사회를 구축할 진정한 희망이 있으려면 전통적인 가치관을 다시 되살려내고, 사랑과 진실성이 가능한 사회가 등장할 수 있는 조건이 필요하다.

내가 인본주의라 부르는 가치관들이 모든 고등한 형태의 문화에서 공감대가 형성된 것이라는 사실로 미루어 존경과 고려를 받을 자격이 있다고는 했지만 반드시 물어보아야 할 질문이 있다. 그 가치관이 우리의 개인적 삶에 동기를 부여하고, 모든 사회적 사업과 우리가 계획하는 활동의 지침 원리가 되어야 함을 설득해줄, 아니면 적어도 그렇게 제안해줄 객관적이고 과학적인 증거가 있을까?

이 장 초반에서 말했던 내용을 바탕으로 나는 규범의 정당성은 인간 실존의 조건에 바탕을 두고 있다고 제안한다. 사람의 성격은 한 가지 최소 요구 조건을 갖는 시스템을 구성하고 있다. 그 요구 조건이란 광기를 피하는 것이다. 하지만 일단 이 요구 조건이 충족되고 나면 인간에게는 선택권이 생긴다. 그는 자신의 삶을 비축이나 생산, 혹은 사랑이나 미움, 존재나 소유에 헌신할 수 있다. 무엇을 선택하는 인간은 어떤 지향이 우세해지고, 나머지 지향은 필연적으로 거기에 뒤따르는 구조(그의 성격)를 구축하게 된다. 인간 존재의 법칙이 오직 한 가지 가치관만을 유일한 가치관으로 요구하는 것은 결코 아니다. 이 법칙은 여러 가지 대안으로 이어지며 우리는 그 대안 중 어느 것이 더 우월한지 결정을 내려야 한다.

하지만 '우월한' 규범에 관해 얘기하는 것은 사실이 아닌 것을 사실이라 단정 짓는 것이 아닐까? 무엇이 우월한지 누가 결정하는가? 구체적인 대안에서 시작해보면 이 질문에 답하기가 쉬워질 것이다. 인간이 자유를 박탈당하면 그는 체념하고 생기를 잃거나, 분노해서 공격성을 보이게 된다. 인간이 지겨워지면 그는 수동적으로 변하거나 삶에 무관심해진다.

만약 인간이 IBM 컴퓨터 입력 카드와 동등한 존재로 격하되면 그는 독창성, 창의력, 관심을 잃게 된다. 내가 어떤 요소를 극대화하면 그에 따라 다른 요소들은 최소화된다.

그럼 의문이 생긴다. 이런 가능성 중에 어느 것이 더 마음에 드는가? 활기 넘치고, 즐겁고, 흥미를 느끼고, 능동적이고, 평화로운 구조가 나은가, 활기 없고, 지루하고, 흥미도 못 느끼고, 수동적이고, 공격적인 구조가 더 나은가?

여기서 중요한 것은 우리는 구조를 다루는 것이기 때문에 한 구조에서 마음에 드는 특성을 골라서 다른 구조에서 마음에 드는 특성과 결합할 수는 없음을 깨닫는 것이다. 개인의 삶뿐만 아니라 사회적 삶에서도 구조화가 일어나기 때문에 우리의 선택은 단일 특성 간의 선택이 아니라, 구조 간의 선택으로 좁혀지게 된다. 사실 대부분의 사람은 공격적이고, 경쟁력 있고, 시장에서 최대의 성공을 거두고, 모든 사람에게 사랑받으면서 동시에 다정하고, 사랑스럽고, 진실성 있는 사람이 되고 싶어 한다. 사회적 수준에서 보면 사람들은 물질 생산과 소비, 군사력과 정치력을 극대화하면서 그와 동시에 평화, 문화, 영적 가치관을 증진하는 사회를 좋아할 것이다. 이런 개념은 비현실적이다. 그리고 이렇게 혼합물 중에 '고상한' 인간적 특성은 추한 특성을 변장시키거나 숨기는 역할을 한다. 일단 선택이 다양한 구조 중에서 이루어져야 한다는 것을 깨닫고 어떤 구조가 '실제로 가능한' 것인지 명확하게 이해하고 나면 선택의 어려움이 크게 줄어들고, 어떤 가치 구조가 마음에 드는 것인지에 대해 의심이 거의 남지 않게 된다. 서로 다른 성격을 지닌 사람들은 자신의 성격에 끌리는 각각의 가치 체계를 선호하게 된다. 그래서 생명 애호가biophilous는 생명을 사랑하는 가치관을 선택할 것이고, 시체 애호가necrophilous는 죽음을 사랑하는 가치관을 택할 것이다. 양쪽 사이에 해당하는 사람은 명확한 선택을 피하려 하거나, 결국에는 자신의 성격 구조에서 우세한 힘을 좇아 선택을 하게 될 것이다.

누군가가 객관적인 근거를 바탕으로 한 가치 구조가 다른 모든 가치 구조보다 우월하다는 것을 입증한다 해도 실질적으로 얻을 것은 그리 많지 않을 것이다. 그 가치관이 자신의 성격 구조에서 비롯되는 요구와 모순을 일으켜서 그 '우월한' 가치 구조에 동의하지 않는 사람들에게는 객관적인 증명이 매력적으로 느껴지지 않을 테니까 말이다.

그럼에도 주로 이론적 이유로 나는 한 가지 전제에서 시작한다면 객관적인 규범에 도달할 수 있을지도 모른다고 제안하고 싶다. 살아 있는 시스템은 성장하고, 활력과 본질적 조화, 즉 주관적인 행복을 극대화하는 것이 바람직하다는 전제다. 인간 시스템을 검토해보면 생명애적 규범은 시스템의 성장과 강화에 좋지만, 시체애적 규범은 기능장애와 병리를 이끌어낸다는 것을 입증할 수 있다. 그럼 규범이 최적의 성장과 행복은 촉진하고, 불행ill-being은 최소화하는 데 어떤 기능을 하느냐에 따라서 그 규범의 정당성이 자연스럽게 따라올 것이다.

경험적으로 보면 대부분의 사람은 다양한 가치 체계 사이에서 쉽게 결정을 내리지 못하고 망설이기 때문에 어느 한 방향으로 온전히 나아가지 못한다. 이들은 엄청나게 선하지도, 엄청나게 악하지도 않다. 입센Henrik Johan Ibsen이 〈페르 귄트Peer Gynt〉에서 아름답게 표현했듯이 사람들은 닳아서 모양이 사라져버린 동전과 비슷한 존재다. 그 사람은 자아도, 정체성도 없지만, 그 사실을 깨닫는 것을 두려워한다.

5

기술사회의 인간화를 위한 단계

1
일반적 전제

이제 2차 산업혁명에서 발달해 나온 산업사회를 인간화할 가능성을 살피려 한다면 경제적, 심리적 이유로 우리 사회를 완전히 붕괴시키지 않고는 제거할 수 없는 제도나 방법을 고려하는 데서 시작해야 한다. 이 요소들은 다음과 같다.

(1) 지난 수십 년 동안 정부, 기업, 대학, 병원 등에서 발달한 중앙집중식 대규모 사업. 이런 중앙집중화 과정은 여전히 이어지고 있고, 머지않아 목적을 가지고 이루어지는 거의 모든 주요 활동이 대규모로 진행될 것이다.

(2) 중앙집중화로 각각의 시스템 안에서 이루어지는 대규모 계획.

(3) 중요한 이론적, 실용적 제어 원리이며, 컴퓨터를 자동화의 가장

중요한 요소로 두고 있는 사이버네이션, 즉 사이버네틱스와 자동화.

하지만 이 세 가지 요소만 있는 것은 아니다. 모든 사회시스템에서 등장하는 또 다른 요소가 있다. 바로 인간 시스템이다. 앞에서도 지적했지만 인간의 본성이 유연하지 않다는 뜻은 아니다. 다만 제한된 숫자의 잠재적 구조만 허용하기 때문에 일부 확인할 수 있는 대안을 제시하게 된다는 뜻이다. 기술사회와 관련해서 가장 중요한 대안은 인간이 수동적이고, 지루하고, 감정이 없고, 일반적으로 지성에만 의지한다면 불안, 우울, 인격상실, 생명에 대한 무관심, 폭력 같은 병적인 증상들을 키울 것이다. 실제로 로버트 데이비스Robert H. Davis는 한 날카로운 논문에서 이렇게 적었다. "컴퓨터로 자동 제어되는 사이버네이션 세계가 정신 건강에 미칠 장기적 영향을 생각하면 심란해진다."[*] 이 점을 강조하는 것이 중요하다. 대부분의 계획 입안자가 인간이라는 요소를 아무런 문제 없이 어느 조건에도 적응할 수 있는 요소인 것처럼 취급하고 있기 때문이다.

우리가 마주하고 있는 가능성은 몇 개 되지 않고 확인도 가능하다. 한 가지 가능성은 지금까지 가던 방향으로 계속 나아가는 것이다. 그 길은 결국 핵전쟁, 생태적 재앙, 심각한 인간의 병폐로 이어질 것이다. 두 번

[*] 로버트 테오발드Robert Theobald 편, 〈1965~1985년 사이버네이션의 발달The Advance of Cybernation: 1965~1985〉, 《보장된 소득*The Guaranteed Income*》, New York: Doubleday Anchor Books, 1967

째 가능성은 폭력적 혁명으로 그 방향을 바꾸려는 시도다. 이 경우 시스템 전체를 붕괴시킬 위험이 있고, 결국 일종의 군사독재나 파시즘으로 결론 맺게 될 것이다. 세 번째 가능성은 인간의 행복과 성장이라는 목적에 복무하는 방식으로 시스템을 인간화하는 것이다. 여기서는 이성, 현실성, 생명에 대한 사랑에서 동기를 부여받은 대다수 군중의 요구에 따라 혁명적인 변화가 점진적으로 실현된다. 이 경우 제기되는 문제가 있다. 과연 이 혁명적인 변화가 가능한가? 그리고 그것을 달성하기 위해서는 어떤 단계를 밟아야 하는가?

내가 이 목표를 달성하는 법을 보여줄 어떤 계획을 제시하려는 것이 아님을 새삼 독자들에게 확인할 필요는 없다. 이 짧은 책에서 그것을 다룰 수도 없을뿐더러 그런 계획을 세우려면 여기에 관심 있는 능력 있는 사람들의 협력을 통해서만 가능한 많은 연구가 필요할 것이기 때문이다. 나는 내가 보기에 가장 중요해 보이는 단계들에 대해서만 논의하려 한다. 그 단계들은 다음과 같다.

(1) 인간 시스템을 포함하고, 또한 인간 최적의 기능을 조사해서 거기서 자연스럽게 유도되어 나오는 규범을 바탕으로 하는 계획 수립하기.

(2) 풀뿌리 운동 방식과 책임을 통해, 현재의 소외된 관료주의적 방식을 인간적 경영 방식으로 바꿈으로써 개인을 활성화하기.

(3) 활성화 activation에 기여하고 수동화 passivation+를 막는 행태로 소비의 패턴을 바꾸기.

(4) 새로운 형태의 심리정신적 지향과 헌신하기. 이것은 과거의 종교 시스템과 동등한 역할을 한다.

+ 나는 활성화와 함께 사용할 개념으로 이 단어를 만들었다. 이 단어는 사전에 올라 있지 않지만 필요한 단어다. 인간을 더 활성화하는 상황도 있고, 인간을 더 수동적으로 만드는 상황도 있기 때문이다.

2
인본주의적 계획

3장에서 시작한 계획에 관한 논의를 이어가면서, 모든 계획은 계획 입안자가 인식하든, 인식하지 못하든 가치판단과 규범에 따라 방향이 정해진다는 점을 다시 말하고 싶다. 이는 컴퓨터를 이용한 계획에도 해당하는 이야기다. 컴퓨터에 입력할 사실을 선택할 때나 프로그래밍할 때나 그 선택에는 가치판단이 개입한다. 내가 경제적 생산량을 극대화하고 싶을 때와 기쁨, 일에 대한 흥미 등 인간의 행복을 극대화하고 싶을 때는 내가 선택하는 사실과 프로그램이 달라진다. 후자의 경우에서는 전자와 다른 사실을 고려하고, 프로그램도 달라질 것이다.

여기서 진지한 의문이 몇 가지 떠오른다. 전통적 가치관을 받아들이는 것 말고 달리 어떤 방법으로 인간의 가치관에 대해 알 수 있을까? 전통적 가치관은 적어도 합의에 따라 정당화하거나 개인적 취향이나 편견의 문제로 받아들이지 않았는가? 4장에서 나는 인간의 행복 상태는 불행의 상태를 통해 경험적으로, 객관적으로 기술할 수 있다는 사실을 언급했었다. 육체적으로나 정신적으로 행복을 조장하는 조건과 불행을 조장하는 조건을 확인할 수 있다. 인간 시스템을 연구하면 객관적으로 정당한 가치관을 받아들이는 쪽으로 나갈 수 있다. 그 가치관이 시스템이 최적의 기능을 할 수 있게 해주거나, 아니면 적어도 우리가 가능한 대안들을 깨달았을 때 제정신인 사람은 대부분 인본주의적 규범을 더 선호하게 되리라는 근거를 바탕으로 말이다.

인본주의적 규범의 정당성을 확인하는 원천의 장점이 무엇이든 간에 인간화된 산업사회의 일반적 목표는 다음과 같이 정의할 수 있다. 인간의 성장과 활력을 손상하지 않고 더욱 자극하고 증진하는 방식, 개인을 수동적이고 수용적으로 만들지 않고 활성화하는 방식, 우리의 기술적 능력이 인간의 성장에 복무하는 방식으로 우리 사회의 사회적, 경제적, 문화적 삶을 변화시키는 것이다. 이렇게 되려면 경제적, 사회적 시스템에 대한 통제력을 반드시 되찾아 와야 한다. 이성, 최적의 활력에 대한 소망으로 인도되는 인간의 의지가 결정을 내려야 한다.

이런 일반적 목표가 주어진 상황에서 인간화 계획의 과정은 무엇일까? 기계와 컴퓨터는 생명 지향적 사회시스템에서 기능하는 일부로 자리 잡아야지, 시스템을 망가뜨리고 결국에는 죽이는 암이 되어서는 안 된다. 기계나 컴퓨터는 목적을 위한 수단이 되어야 하고, 그 목적은 인간의 이성과 의지로 결정해야 한다. 사실의 선택을 결정하고, 컴퓨터의 프로그래밍에 영향을 미치는 가치관은 인간의 본성, 거기서 나올 수 있는 다양한 발현에 대한 지식을 기반으로 습득되어야 한다. 즉 기술이 아니라 인간이 가치관의 궁극적인 원천이 되어야 한다는 말이다. 모든 계획에서 최대 생산이 아니라 최적의 인간 발달이 기준이 되어야 한다.[+] 산업적 진보가 아니라 인간적인 삶의 전개가 사회 조직화의 우선적 원리가 되어야 한다.

이것 말고 경제 분야의 계획도 전체 시스템으로 확장되어야 한다. 더 나아가 전체 사회시스템에 인간 시스템도 통합되어야 한다. 계획 입안자인 인간은 전체 시스템의 일부로서 자신의 역할을 반드시 인식하고 있어야 한다. 인간이 자신에 대해 인식하는 유일한 생명의 사례이듯, 시스템을 구축하고 분석하는 주체로서 인간은 자신이 분석하는 시스템의 목

[+] 하산 외즈베칸은 이 문제를 아주 간결하게 정리했다. "이 모든 것에서 우리가 실패한 부분을 살펴보면, 우리에게 동기를 부여하는 소위 바람직한 것desirables에 조작적 의미operational meaning를 부여하는 데 실패했고, 그것의 내재적 가치에 의문을 제기하는 데 실패했고, 우리의 야망과 행동이 장기적으로 미칠 결과를 평가하는 데 실패했고, 우리가 기대하는 결과가 실제로 우리가 달성하려 애쓴다고 말하는 삶의 질에 해당하는지 의문을 제기하는 데 실패했고, 우리가 지금 하는 행동이 우리를 그곳으로 이끌지 의문을 제기하는 데 실패했다. 바꿔 말하면 이 작가의 계획 개념에 비추어볼 때, 우리는 깊은 의미에서 계획에 실패했다." (참고로 앞서 언급한 하산 외즈베칸의 글, 이후에 외즈베칸과 마틴 K. 스타Martin K. Starr와 레이몬드 G. 브라운Raymond G. Brown과 개인적 소통을 통해 받은 제안에 대해서도 감사드린다.)

표가 자신이 되게 만들어야 한다. 이것이 의미하는 바는 인간, 인간의 본성, 그 본성이 발현될 수 있는 실질적 가능성에 대한 지식이 사회적 계획에서 기본 데이터 중 하나로 자리 잡아야 한다는 것이다.

지금까지 계획에 대해서 한 얘기는 계획 입안자가 사회와 사회를 구성하는 개인들을 위해 최적의 행복을 이끌어내겠다고 마음먹었다는 이론적 가정을 바탕으로 나온 것이다. 하지만 안타깝게도 현실에서는 그런 가정이 불가능하다. (물론 계획 입안자가 자신의 동기에 대해 어떻게 생각하고 있는지를 말하는 것은 아니다. 이들 역시 대부분의 사람과 마찬가지로 자신의 동기가 합리적이고 도덕적이라 믿는다. 대부분은 자기 행동에 대해 이런 합리화, 이데올로기가 필요하다. 여기에는 자기가 도덕적으로 올바르다는 느낌을 받고 싶은 목적도 있고, 자신의 진짜 동기를 타인에게 숨기기 위한 목적도 있다.) 정부 수준의 계획에서는 보통 정치인의 개인적 이해관계가 그들의 진실성을 해치고, 그래서 인본주의적 계획을 수립하기도 어렵게 만든다. 이런 위험을 줄이기 위해서는 의사결정 과정에 시민들이 더욱 능동적으로 참여하고, 정부의 계획을 그 계획의 대상이 될 사람들이 통제할 방법을 찾아내는 수밖에 없다.+

그렇다면 정부가 수립하는 계획을 더욱 축소하고 공공 부분을 비롯한 대부분의 계획을 대기업에 맡겨야 할까? 이런 개념을 주장하는 근거

+ 이에 관한 추가적인 내용은 이 장의 후반부에 이어서 나온다.

는 다음과 같다. 대기업은 한물간 절차에 묶여 있지도 않고, 출렁이는 정치적 압력에 좌우되지도 않으며, 시스템 분석이나 기술 연구를 즉각적으로 적용하는 능력도 더 발전되어 있고, 자신의 프로젝트를 이어갈 권리를 획득하기 위해 몇 년에 한 번씩 선거에서 싸울 필요가 없어서 더 객관적인 사람이 진행할 수 있기 때문이다. 그리고 가장 중요한 부분은 경영과 시스템 분석이 현재 가장 발전된 유형의 활동 중 하나이기 때문에 여기에 지능 측면에서만이 아니라 인간의 행복에 관한 비전에서도 더 발전된 지성인들이 다수 몰려들게 될 것이라 추론하는 것이 합리적이다. 이것 말고도 설득력 있는 여러 다른 논거가 있지만 두 가지 결정적인 부분과 관련해서는 확신을 주지 못하고 있다. 첫째, 기업은 이윤을 위해 움직이고, 기업이 가지고 있는 이윤에 관한 관심은 19세기 사업가들에 비하면 많은 변화가 있기는 했지만 공동체의 이해관계와 충돌하는 경우가 많다. 둘째, 그나마 정부는 민주주의 시스템의 통제라도 받지만 기업은 거의 통제받지 않는다. (기업은 시장의 통제를 받는다고, 즉 소비자를 통해 간접적으로 통제받는다고 주장하며 이 말에 반대하는 사람도 있을 것이다. 하지만 그것은 소비자의 취향과 욕망이 기업의 의도로 조작된다는 사실을 무시하는 것이다.) 진부한 관습에 젖어 있는 경영자들은 온전히 인간적인 삶에 대한 상상력과 비전이 부족한 것이지, 의지가 부족한 것이 아니며, 그래서 인본주의적 계획이라는 관점에서는 훨씬 더 위험하다. 이들은 개인적 체면 때문에 자신의 계획 방법을 누군가 의심해도 거기에 영향을 받지 않는다. 이런 이유로 나는 존 케네스 갤브레이스John Kenneth Galbraith 나 다른 사람들이 표현한 낙관적 의견에 공감하지 않는다. 기업의 계획은 반드시 정부, 노동자, 소비자의 통제에 놓여 있어야 한다. 바꿔 말하면 산업계가 계획을 짤 때는 그 계획의 대상이 될 사람들이 산업계의 결정에서 목소리를 높이고 의결권을 가져야 한다.

3
에너지의 활성화와 해방

지금까지 앞장에서 인간에 대해 다룬 모든 내용으로부터 자연스럽게 도출되는 결론이 있다. 인간이 행복해지기 위한 기본적인 요구 조건 중 한 가지가 바로 자신의 모든 능력을 생산적으로 행사한다는 의미의 활성화라는 것이다. 우리 사회에서 가장 병적인 특성 중 하나는 사회, 사업, 직장에서 일에 능동적으로 참여할 기회를 인간에게서 박탈함으로써 인간을 수동적으로 만드는 경향이다. 사실 잘 드러나지는 않지만 개인적인 일에서도 인간은 수동적으로 변하고 있다. 이런 인간의 '수동화'에는 모든 중앙집중식 사업에서 사용되는 소외된 관료주의 방식도 한몫하고 있다.

인본주의적 관료주의 방식 대 소외된 관료주의 방식

여기서 사람들은 헷갈리는 거짓 이분법에 직면하는 경우가 많다. 사람들은 어떤 조직도, 통제도 없는 무정부주의적 시스템과 현대 산업주의, 특히 소련 체제에서 더 전형적으로 나타나는 종류의 관료주의 시스템 중에서 어느 하나를 선택해야 한다고 믿는다. 하지만 대안이 이것 하나밖에 없는 것이 결코 아니다. 우리에게는 다른 선택지도 있다. 내가 염두에 두고 있는 선택지는 인본주의적 관리humanistic management✣ 방식과 소외된 관료주의alienated bureaucracy 방식의 사이에 있다.

이 소외된 관료주의적 과정의 특징은 몇 가지로 살펴볼 수 있다. 우선, 이것은 명령하고 제시하는 일방향 시스템이다. 계획은 상부에서 나와 피라미드의 바닥까지 내려간다. 여기에는 개인의 혁신이 끼어들 여지가 존재하지 않는다. 인간은 복지 사례이든, 의학적 사례이든, 혹은 기준을 무엇으로 삼든 간에 한 '사례'에 불과하다. 사례는 '인간'과 '사례'의 차이를 말해주는 개인적 특성을 배제하고 컴퓨터 입력 카드에 담을 수 있다.

우리의 관료주의적 방식은 개인의 필요, 관점, 요구에 반응하지 않는다는 의미에서 무책임하다. 이런 무책임은 관료주의의 '대상'이 되어버린 사람이 사례가 되어버리는 특징과 밀접한 관련이 있다. 사람은 사람

✣ 지금부터는 인본주의적 관료주의humanistic bureaucracy 대신 인본주의적 관리라는 용어를 사용하겠다. 관료주의라는 단어 자체가 소외된 유형의 시스템을 지칭하는 것으로 이해될 때가 많기 때문이다.

에게는 반응할 수 있지만 사례에는 반응할 수 없다. 이런 관료의 무책임함은 관료주의의 오랜 특성으로 자리 잡은 또 한 가지 측면을 갖고 있다. 관료들은 자신도 관료주의 기계의 일부라 느끼고, 대부분 책임을 지려 하지 않는다. 즉 비판받을 수도 있는 결정을 자신이 내리려 하지 않는다. 그는 규칙에서 명확하게 규정한 것이 아니면 자기가 결정하려 하지 않는다. 그리고 의심스러운 부분이 있으면 다른 관료들에게 넘겨버린다. 그럼 그 관료도 똑같이 한다. 관료주의에 찌든 기관과 상대해본 사람은 이렇게 이 관료에서 저 관료로 넘어가고, 또 넘어가다가 아무도 자기 말을 들어주지 않고 출발점으로 다시 왔던 경험이 있을 것이다. 자기 말을 들어줄 때도 보면 상냥한 경우도 있고, 짜증을 내는 경우도 있다. 하지만 이들의 태도를 보면 거의 항상 무기력, 무책임, 민원을 제기하는 사람을 향한 우월감 같은 것이 뒤섞여 있다. 우리의 관료주의적 방식은 개인에게 관료주의적 기계의 도움 없이는 아무것도 혁신하지도, 조직하지도 못할 거라는 기분이 들게 한다. 그 결과 혁신은 마비되고, 깊은 무력감이 생겨난다.

'인본주의적 관리'의 본질과 그 방법은 무엇일까?

인본주의적 관리 방법의 기본 원리는 사업의 규모가 크고, 계획이 중앙집중식이고, 사이버네이션이 이루어졌더라도 개별 참가자들이 관리자, 상황, 기계 앞에서 자신을 당당히 주장하고, 과정에 능동적으로 참여하지 않는 힘없는 티끌 같은 존재가 되기를 멈추는 것이다. 개인의 의지를 이런 식으로 긍정해야만 그 에너지가 해방되고 정신적 균형을 회복할 수 있다.

이러한 인본주의적 관리의 원리를 이런 식으로도 표현할 수 있다. 소외된 관료주의에서는 모든 권력이 위에서 아래로 흐르지만, 인본주의적 관리에서는 양방향으로 이루어진다. 위에서 내려진 결정의 '대상'+은 자신의 의지와 관심사에 따라 거기에 반응한다. 그럼 이들의 반응은 최고 위층의 의사결정자에게 전달될 뿐 아니라 의사결정자들이 거기에 반응해야 한다. 의사결정의 '대상'들은 의사결정자에게 문제를 제기할 권리가 있다. 그런 문제 제기에서 제일 먼저 요구할 것은 충분한 수의 '대상'이 해당 관료 체계(어느 수준이든)에게 질문에 답하고, 그 절차에 관해 설명해달라고 요구하는 경우 의사결정자들은 그 요구에 대답해야 한다는 규칙이다.

앞서 내가 제안한 부분에 대해 수많은 반대 의견이 독자들의 마음속에 쌓이고 있을 테니 이 장에서 이어질 내용에 독자들이 흥미를 잃지 않게 하려면 그 부분에 대해 여기서 짚고 넘어가는 것이 낫겠다. 먼저 사업 관리에 대해 얘기해보자.

+ 이어지는 글에서는 관료의 통제 대상이 되는 사람들을 '대상'이라 부르겠다.

처음 나올 반론은 아마도 '대상'들의 능동적 참여가 효율적인 중앙집중식 관리와 계획이 공존할 수 없다는 주장일 듯하다. 이런 반대가 이치에 맞는다고 생각한다면 다음과 같은 경우일 것이다.

(1) 현재의 소외된 관료주의적 방식이 병적이라 생각할 만한 설득력 있는 이유를 모르겠다는 경우.

(2) 시도해서 입증된 방법만을 생각하고 상상력 넘치는 새로운 해법에는 고개를 돌리는 경우.

(3) 새로운 방법을 찾아냈다고 해도 최대 효율의 원칙은 한순간도 포기해서는 안 된다고 고집하는 경우.

반면 현재의 시스템 운영 방식에 만족하는 사람들과 달리 이 책에서 제안한 고려사항들을 따르고, 우리의 관료주의적 방법에 내재한 사회시스템의 심각한 위험을 알아차린 사람이라면 이런 반대 의견이 그리 설득력 있게 다가오지 않을 것이다.

더 구체적으로 말하면, 그 어려움을 인식하고 그것이 해결 불가능한 것이라는 확신에서 시작하지 않는다면 그 문제들을 구체적이고 자세하게 조사하기 시작할 것이다. 여기서도 역시 최대 중앙집중화와 완전한 분권화로 나누는 것은 불필요한 이분법이며, 최적의 중앙집중화와 최적의 풀뿌리 참여라는 개념을 내놓을 수 있다는 결론에 도달할지도 모른다. 최적의 중앙집중화는 대규모의 조직화와 계획 수립을 효과적으로 하는 데 필요한 수준의 중앙집중화다. 최적의 참여는 중앙집중식 관리를 불가능하게 만들지는 않으면서 참가자들에게 책임 있는 최적의 참여를 허용한다. 이런 공식은 분명 일반론의 수준이기 때문에 즉각적으로 조치할 수 있는 토대로 삼기는 부족하다. 과학 지식을 기술에 응용할 때 이런 규모의 문제가 등장하면 공학자들은 쉽게 포기하지 않는다. 그들은 이 문제의 해법을 찾아줄 연구가 필요하다는 것을 인식한다. 하지만 인간과 관련된 문제를 다룰 때는 이런 어려움이 등장하면 대부분의 사람은 포기하고 이렇게 잘라 말해 버린다. "그건 불가능해."

실제로 우리는 기술적 문제를 해결할 때는 무한한 상상력과 진취성을 보여주지만, 인간과 관련된 문제에 관해서는 상상력의 발휘가 지극히 제한되어버린다. 왜 그럴까? 당장 나올 수 있는 대답은 자연과학과 기술 분야에 비해 인간의 과학 분야에 대해서는 지식이 부족하다는 것이다. 하지만 이런 대답은 설득력이 없다. 어째서 우리에게 필요한 지식이 없다는 것인가? 그리고 그보다 더 중요한 질문으로, 어째서 우리가 갖고 있는 지식을 적용하지 않는 것인가? 추가적인 연구 없이는 아무것도 증명할 수 없지만 나는 최적의 중앙집중화와 최적의 분권화를 통합하는 실용적인 해법을 찾아내는 것이 우주여행을 위한 기술적 해법을 찾는 것보다 쉬울 것이라 확신한다. 이런 연구가 이루어지지 않은 진짜 이유는 따로 있다. 현재 우리가 우선시하는 것들을 고려해보면 사회 조직에 대해 좀 더 인간적으로 받아들일 수 있는 해법을 찾는 일에 관심이 부족하기 때문이다. 이런 연구가 필요하기는 하지만, 한편으로는 이미 지난 수십 년 동안 이런 문제에 대해 상당한 양의 실험과 논의가 이루어졌음을 결코 잊어서는 안 될 것이다. 찾아보면 산업심리학과 경영과학 분야 모두에서 가치 있는 이론적 논의와 실험을 꽤 많이 볼 수 있다.

앞서 나온 반론과 결부되어 자주 등장하는 또 다른 반대 의견은 정치 수준에서 의사결정이 효과적으로 통제되는 한은 정부의 입법부와 행정부에서 적절히 감독할 것이기 때문에 기업의 일에 능동적으로 참여할 필요가 없다는 것이다. 이런 반대는 오늘날에는 정부와 기업이 이미 너무 얽혀 있어서 누가 누구를 통제하고 있는지 말하기가 어렵다는 사실, 나아가 정부의 결정 자체가 시민을 통해 효과적으로 통제되지 않고 있다는 사실을 고려하지 않고 있다. 하지만 정치 과정에 시민이 만족스러울 만큼 능동적으로 참여하고 있다고 해도, 여기서 주장하는 바와 같이 기업 자체는 참가자의 의지뿐만 아니라 전체 대중의 의지에도 반응해야 한다. 대중이 기업의 결정에 영향을 받고 있기 때문이다. 기업에 대한 그런 직접적인 통제가 존재하지 않는다면 정부 입장에서도 시스템의 사적 부분에 대해 권력을 행사하기가 무척 어려워질 것이다.

또 다른 반론에서는 이 책에서 제안하는 것처럼 의사결정에서 이중책임double responsibility은 고위층과 '대상' 사이에 끝없는 마찰을 일으키는 근원이 될 것이기 때문에 이런 심리적인 이유로 효과적이지 못하다고 지적할 것이다. 문제를 추상적으로 얘기하면 무시무시하게 여겨지기 쉽다. 하지만 일단 그런 변화를 받아들이고 나면 거기서 생기는 갈등은 추상적으로 바라볼 때보다 훨씬 덜 날카로워서 덤벼볼 만하다 싶을 것이다. 결국 관리자들은 성과에 관심이 있고, 참가자들은 사업에 관심이 있다. 관료들이 취약해지는 순간, 즉 자신의 대상들이 원하는 것, 주장하는 것에 반응하기 시작하는 순간 양측은 모두 지휘권이 있는 당국, 혹은 문제 제기자로서 위치를 보존하는 일보다 문제에 더 관심을 두게 될 것이다. 이것이 가능하다는 것은 미국과 외국의 몇몇 대학에서 입증된 바 있다. 일단 학생들의 참여를 받아들이자 학교 행정 당국과 학생들 사이의 마찰이 거의 사라진 것이다. 이것은 유고슬라비아의 노동자 자기 관리 시스템과 전 세계에서 진행된 여러 기업 운동 경험에서도 입증되었다.

관료주의 양식이 소외된 관료주의에서 인본주의적 관료주의로 바뀐다면 성공적인 관리자의 유형에 반드시 변화가 생긴다. 방어적 성격이 있어서 자신의 관료적 이미지에 매달리고, 취약해져서 사람들과의 공개적 대면을 두려워하는 사람은 불리해질 것이다. 반면 상상력이 넘치고, 겁이 없고, 반응을 잘하는 사람은 관리 방법이 바뀌면 성공을 거두게 될 것이다. 이런 점을 고려하면 변화가 안 되는 어떤 관리 방식을 두고 관리자들이 그런 것을 바꾸려고도 하지 않고, 바꿀 수도 없기 때문이라고 말하는 것이 얼마나 잘못인지 알 수 있다. 이런 주장에는 새로운 방법론이 새로운 관리자 선택의 원리를 제공하리라는 사실이 빠져 있다. 그렇다고 현재의 관리자들이 대부분 새로운 유형의 관리자로 대체된다는 의미는 아니다. 분명 현재의 시스템 아래서는 자신의 반응 능력을 제대로 발휘하지 못하다가 일단 시스템이 기회를 부여해주면 그런 능력을 선보일 사람들이 많을 것이기 때문이다.

개인이 자신이 일하는 기업에 능동적으로 참여해야 한다는 아이디어에 대한 반론 중에 아마도 제일 인기가 많은 것은 사이버네이션이 강화되고 있기 때문에 개인의 노동시간은 줄어들고, 여가를 즐기는 시간은 길어져서 더는 개인이 노동 상황에 능동적으로 참여할 필요가 없을 것이라는 주장이다. 나는 이런 아이디어는 인간 실존과 노동이라는 개념에 대해 잘못 알고 있기 때문에 나오는 것이라 믿는다. 인간은 아무리 우호적인 기술적 상황에서도 음식, 의복, 집, 다른 모든 물질적 필수품의 생산에서 책임을 져야 한다. 인간은 일을 해야 한다는 의미다. 대부분의 육체노동을 기계가 담당하게 된다 하더라도 인간은 여전히 자신과 자연 사이의 교환 과정에 참여해야만 한다. 인간이 아예 몸과 분리된 존재나, 물리적으로 필요한 것이 없는 천사가 되지 않는 한 노동이 완전히 사라질 일은 없다. 인간은 자연을 동화시키고, 물질 생산 과정을 조직, 지휘하고, 배분하고, 사회를 조직화하고, 자연재해에 반응해야 하므로 절대 가만히 앉아서 일이 알아서 돌아가게 놔둘 수가 없다. 기술사회에서의 노동은 이제 저주가 아닐지도 모른다. 하지만 인간이 자신의 물질적 필요에 대해 신경 쓸 필요 없는 지상천국 같은 상태는 기술적 공상에 불과하다.

아니면 브레진스키가 예측한 대로 엘리트 계층만 노동의 특권을 누리고 대다수는 그저 소비하느라 바쁘게 만드는 것이 해법이 될 수 있을까? 실제로 이것이 문제의 해법이 될 수는 있겠지만 대다수의 사람은 무책임하고 쓸모도 없는 기생충이 되는 반면, 자유인만이 노동을 비롯한 충만한 삶을 살게 된다는 역설적 의미로 보면 대다수의 사람을 노예 상태로 격하시키는 꼴이 될 것이다. 인간이 생산과 조직화의 과정에서 수동적이면 여가 시간에도 수동적으로 변한다. 인간이 생명을 유지하는 과정에서 책임을 다하여 참여하지 않고 물러난다면 인생의 다른 모든 측면에서도 수동적인 역할을 하게 되고, 자기를 돌봐주는 사람에게 의존하게 될 것이다. 이미 오늘날 이런 일이 일어나고 있는 것을 우리는 목도하고 있다. 인간은 예전보다 여가 시간이 늘어났지만 대부분의 사람은 여가 시간에도 소외된 관료주의 방법으로 강제된 이런 수동성을 보인다. 여가 시간은 대부분 관람이나 소비의 형태로 이루어질 뿐, 능동성의 발현인 경우가 드물다.

인간이 생산 시스템과 행정 시스템의 기능을 책임져야 하는 과제에서 해방된다면 기계와 그 전문가에게 의존하는 완전히 무기력하고, 자신감을 결여한 존재가 될 것이다. 인간은 자신의 여가 시간도 능동적으로 사용할 수 없을 뿐만 아니라, 시스템의 매끄러운 기능이 위협을 받을 때마다 재앙에 직면하게 될 것이다.

이런 면에서 아주 중요한 문제를 한 가지를 더 언급해야겠다. 기계가 모든 노동, 모든 계획, 조직화와 관련된 모든 결정, 심지어 모든 건강 문제까지 도맡을 수 있다고 해도 사람과 사람 사이에 생기는 문제까지 도맡을 수는 없을 것이다. 대인관계, 인간적 판단, 반응, 책임감, 판단이라는 영역에서는 기계가 인간의 기능을 대체할 수 없다. 사이버네이션 되어 물질적으로 완전히 충족되고 억압이 없는 사회에서는 그리스나 셰익스피어의 희곡, 혹은 위대한 소설에서 표현된 인간적 갈등이 더는 없을 거라고 생각하는 마르쿠제 같은 사람들도 있다. 완전히 소외된 사람이 인간 실존의 미래를 이런 식으로 바라볼 수도 있다는 점은 이해할 수 있다. 하지만 이들은 미래의 가능성을 표현하기보다는 자신의 정서적 한계를 표현하고 있는 것이 아닐까 우려스럽다. 물질적으로 충족되지 않은 욕구가 사라지면 사람과 사람 사이의 문제, 갈등, 비극도 사라지리라는 가정은 유치한 몽상일 뿐이다.

대기업뿐만 아니라 국가나 지역공동체의 일에도 능동적으로 참여하기 위해서는 대면 집단이 형성되어야 한다. 그 집단 안에서 정보 교환, 토론, 의사결정이 이루어진다. 온갖 종류의 중앙집중식 기업과 정치적 의사결정에 만들어질 그런 집단의 구조에 대해 논의하기 전에 그런 대면 집단이 가져야 할 특성에 대해 살펴보자.

첫 번째 특성은 토론이 직접적으로 이루어져야 하며, 선동가의 현란한 말솜씨나 심리 조작이 통하지 않도록 참여하는 사람의 수를 제한해야 한다는 것이다. 사람들이 정기적으로 만나면서 서로를 알게 되면 누가 신뢰할 수 있는 사람이고, 누가 아닌지, 누가 건설적인 사람이고, 누가 아닌지 느낌이 온다. 그리고 스스로 참여하는 과정에서 자신의 책임감과 자신감도 커진다.

두 번째, 모두가 기본 사안에 대한 명확하고 정확한 그림을 그릴 수 있는 기반인 객관적이고 관련성 있는 정보를 각각의 집단에 제공해야 한다.

적절한 정보가 무엇이냐는 주제에는 여러 문제가 따라오기 때문에 잠시 옆길로 새서 그 부분을 다루어야겠다. 우리가 외교정책이나 국내 정책, 혹은 기업의 경영에서 다루어야 할 사항들은 너무 복잡하고 전문적이라서 고도로 훈련받은 전문가들만 이해할 수 있는 것이 아닐까? 만약 그렇다면 의사결정 과정에서 시민의 참여라는 전통적인 의미의 민주주의 과정이 이제 실현 불가능하다는 것을 인정해야만 한다. 더 나아가 의회의 헌법 기능도 한물간 방식임을 인정해야 한다. 개개의 의원이나 대표도 분명 필요한 전문 지식을 갖고 있지 못할 테니까 말이다. 대통령 자신도 고도로 훈련받은 전문가 집단의 조언에 의존하는 것으로 보인다. 그런 복잡한 문제를 이해하기는 아무래도 힘들 테니까 말이다. 제대로 교육받은 시민이라도 이런 문제들은 이해의 범위를 벗어나 있다. 요약하자면, 데이터가 감당 못 할 정도로 복잡하고 난해하다는 가정이 옳다면 민주주의 과정은 속이 빈 형식에 불과한 것이 되고 기술자들이 정부의 일을 맡아 하게 된다. 이것은 기업 경영에도 해당하는 말이다. 만약 고위 경영진이 자신이 판단을 내려야 할 고도로 복잡한 기술적 문제를 이해할 수 없다면 기술 전문가들의 판단을 그냥 받아들이는 수밖에 없다.

데이터가 너무 어렵고 복잡해져서 고도로 전문화된 전문가들만 다룰 수 있다는 생각은 자연과학 분야에서 전문화가 너무 심해져서 일부 과학자만 자기네 분야 동료의 연구를 제대로 이해할 수 있는 지경까지 갔다는 사실에 크게 영향을 받은 것이다. 다행히도 정치와 경영에서 의사 결정을 할 때 필요한 데이터는 대부분 그 정도로 어렵거나 전문적이지 않다. 사실 컴퓨터 덕분에 그런 어려움이 줄어든다. 컴퓨터가 서로 다른 모형을 구축해서 프로그래밍에서 사용한 전제에 따라 서로 다른 결과를 보여주기 때문이다. 소련에 관한 미국의 외교정책을 사례로 살펴보자. 여기에서 판단은 소련의 계획과 의도, 그들의 목적 그리고 목적을 추구하는 과정에서 보여주는 유연성 등을 분석한 결과에 좌우된다. 특히나 유연성은 그들이 파국을 피하기를 얼마나 바라고 있는가에 좌우된다. 이는 물론 미국, 중국, 독일 등의 외교정책에서도 똑같이 해당하는 얘기다. 이들의 외교정책 역시 그들이 파악한 미국 외교정책의 계획과 의도에 좌우된다. 나는 가용한 뉴스를 모두 읽어 정보를 계속 확인하는 사람이라면 누구나 기본적인 사실에 접근할 수 있다고 생각한다. (〈뉴욕 타임스The New York Times〉 같은 일부 신문사만 필요한 정보를 모두 제공하고, 그런 신문사조차 때로는 편향적으로 사실을 골라서 보도하는 것이 사실이다. 하지만 그런 부분은 바로잡을 수 있고, 본질적 사안을 건드리지도 않는다.) 정보를 잘 알고, 생각이 깊고, 비판적인 시민이라면 사실들을 바탕으로 근본적 사안을 파악하는 데 필요한 기본 정보를 뽑아낼 수 있을 것이다.

비밀 정보에 접근할 수가 없어서 우리가 가진 정보는 한심할 정도로 부족하다는 믿음이 널리 퍼져 있다. 나는 이런 관점은 비밀 정보의 중요성을 과대평가하는 것이라 믿는다. 쿠바 침공의 사례에서 보듯 비밀 정보기관이 제공하는 데이터가 완전히 엉터리일 때가 많다는 것은 말할 것도 없다. 다른 국가의 의도를 이해하기 위해 필요한 정보는 대부분 그 국가의 구조와 기록을 합리적으로 꼼꼼하게 검토해보면 얻을 수 있다. 분석하는 사람이 감정에 휘둘려 편견에 빠지지만 않는다면 말이다. 냉전의 기원인 소련과 중국에 대한 최고의 분석은 비밀 정보에 접근할 수 없었던 학자들의 연구에서 찾아볼 수 있다. 데이터에 대한 날카롭고 비판적인 분석을 신뢰하지 못할수록 비밀 정보에 대한 요구가 커지지만, 그런 비밀 정보가 분석을 대체하기에는 역부족이다. 문제가 있음을 부정하는 것은 아니다. 최고 의사결정자들에게 새로운 미사일 기지 위치, 핵폭탄에 관한 정보를 제공하는 군정보기관은 중요할 수 있다. 하지만 다른 국가의 목표나 한계에 대해 적절히 파악하고 있는 경우라면 그런 정보, 특히 그런 정보에 대한 평가는 전반적 분석보다 부차적이다. 이 주장의 요점은 비밀 정보가 중요하지 않다는 것이 아니라 가용한 정보를 꼼꼼하게 비판적으로 분석해보면 정보를 바탕으로 판단할 수 있는 근거를 확보할 수 있다는 것이다. 정치 관료와 군 관료들이 말하는 것처럼 정말 그렇게 많은 정보를 비밀로 유지할 필요가 있는지도 결론이 나지 않은 문제라는 점을 덧붙이고 싶다. 우선 비밀 유지의 필요성은 관료들의 바람과 부합한다. 비밀 정보는 다양한 수준의 위계를 뒷받침해준다. 이런 위계의 특징은 다양한 비밀 정보에 대한 접근권한의 차이이다. 이것은 또한 권력을 강화해준다. 원시 부족에서 복잡한 관료 체계에 이르기까지 모든 집단에서 비밀의 소유자는 특별한 마법을 부여받은 것처럼 보이고, 따라서 일반인보다 우월한 존재로 보이기 때문이다. 하지만 이런 고려사항은 차치하더라도 과연 비밀 정보를(양측 모두 자신의 비밀 중 일부는 상대방도 알고 있음을 잘 알고 있다) 유지하는 것이 시민, 입법부와 행정부의 구성원들(의사결정의 역할을 다하기 위해 1급 비밀에 접근권한을 갖고 있는 극소수를 제외하고)의 자신감을 갉아먹는 사회적 효과를 감수할 만큼 가치가 있는지 진지하게 물어보아야 한다. 결국은 비밀 유지에 따르는 군사적, 외교적 장점이 민주주의 시스템의 손실보다 작은 것으로 밝혀질지도 모른다.

잠깐 옆으로 샜는데 다시 대면 집단의 정보 문제로 돌아와서 우리는 다음의 질문을 반드시 던져봐야 한다.

(1) 필요한 정보를 관련 집단에 어떻게 전달할 것인가.

(2) 학생들을 정보의 소비자로 만들지 않고 비판적 사고 능력을 길러주기 위해서는 어떤 교육이 이루어져야 할 것인가.

어떻게 이런 유형의 정보를 전달할 수 있는지 자세히 들여다볼 필요는 없을 것 같다. 충분한 관심과 흥미만 있다면 그 방법을 별문제 없이 개발할 수 있을 것이다.

모든 대면 집단의 기능에 필요한 두 번째 요소는 토론이다. 구성원들이 서로에 대해 더욱 알아감에 따라 내던지는 구호나 험악한 분위기는 토론에서 사라지고 논쟁 대신 인간 대 인간의 대화가 자리 잡게 될 것이다. 이런 토론에 참여하지 못하는 어리석은 자, 광신자, 역겨운 사람들이 항상 있기 마련이지만 강제력을 동원하지 않아도 집단 안에서 그런 사람들이 영향력을 미치는 것을 차단할 수 있는 분위기를 조성할 수 있다. 진정한 대화가 가능하려면 집단 구성원들이 방어적 태도를 버리고 더 열린 마음으로 다가서는 것도 반드시 필요한 부분이지만, 다른 사람이 실제로 말하려는 의미를 이해하려고 노력해야 한다. 생산적인 대화에서는 각각의 참가자가 자신도 의심하는 공식화한 내용을 다른 참가자가 옹호하게 강요하기보다는 자신의 실제 생각을 분명하게 밝힐 수 있게 도와야 한다. 대화는 항상 서로의 뜻을 분명하게 밝히는 것을 의미하며 심지어 자신보다 타인을 더 잘 이해하게 된다는 의미가 되기도 한다.

결국 집단에게 결정을 내릴 권리를 주지 않는다면, 또한 결정을 내려도 그것이 해당 사회 부문에서 실천으로 옮겨지지 않는다면 정보와 토론도 무용지물이 될 것이다. 인간은 먼저 생각하고 행동에 나서야 하지만, 인간에게 행동의 기회가 주어지지 않는다면 생각이 시들어 힘을 잃는 것 또한 사실이다.

기업 내 대면 집단에게 어떤 결정을 내려달라고 부탁할지 정확한 청사진을 제시하기는 불가능하다. 정보 습득과 토론 과정 자체가 거기에 참여하는 사람들에게 교육적 효과를 낳고 변화를 가져오리라는 것은 분명하다. 따라서 몇 년에 걸쳐 훈련된 이후와 비교하면 처음에는 잘못된 결정을 내릴 가능성이 높다. 그럼 사람들이 생각하고, 토론하고, 판단을 내리는 법을 배워감에 따라 의사결정의 영역도 점점 넓어져야 한다는 결론이 나온다. 처음에는 해당 관료들에게 그들이 내린 결정에 대한 설명을 요구하고, 정보의 공개를 요구하고, 의사결정체가 고려할 수 있도록 계획, 규칙, 법을 발의할 수 있는 권리 등으로 의사결정 권한이 제한될 수 있다. 그다음 단계는 이미 내려진 결정에 대해 자격을 갖춘 다수가 다시 검토할 것을 강제할 수 있는 권리가 될 것이다. 결국에는 대면 집단이 근본적인 행동 원칙에 대해 투표할 수 있는 자격을 얻게 된다. 그 원칙의 구체적인 집행은 본질적으로 경영의 문제로 남아 있을 테지만 말이다. 대면 집단의 결정은 전체적인 의사결정 과정에 통합되어 '대상'이 통제하고 발의한다는 원칙에 따라 중앙이 계획을 수립한다는 원칙을 실천에 옮기게 된다. 이런 의사결정 과정에서 소비자의 의사 또한 대변해야 할 것이다.

제조 산업에서 노동조합이 생겨나 발전한 것은 이런 방향으로 한 걸음 내디딘 것에 해당한다. 하지만 최근 몇십 년 동안 일어난 사건들 때문에 이 조직들은 원래의 광범위한 사회적 목적과는 멀어지고 말았다. 요즘의 노동조합은 내부 상황을 노동자가 통제하도록 척도만 제공한다. 하지만 이들의 행동 영역은 임금, 노동시간, 특정 노동 관행 같은 문제를 크게 벗어나지 못한다. 더군다나 노동조합 자체도 비인간화된 관료주의적 행태를 따라 발전한 경우가 많기 때문에 구성원들의 온전한 참여를 보장하기 위해서는 스스로를 재조직할 필요가 있다.

대면 집단에서 논의해야 할 근본적인 문제의 사례를 들어보자. 예를 들어 공장의 경우 생산 과정, 생산 기술의 변화, 노동조건, 참가자들의 주택 문제, 노동자나 종업원의 감독 문제 등 참가자들이 어떤 부분에 결정을 내려야 하는지에 관한 기본 문제를 논의하게 된다. 나올 수 있는 다양한 행동 방침이 구체적으로 제시되어야 하고, 그 각각의 대안에 관한 호불호가 분명하게 표현되어야 한다.

참여하는 대면 집단이 비즈니스든, 교육이든, 건강이든 모든 사업에서 일부로 포함되어야 한다. 참여 집단은 기업의 다양한 부서 안에서 운영되며, 해당 부서의 문제들에 관여하게 된다. 기업 전체와 관련된 논의에서는 자신의 결정을 전체적인 결정에 반영할 수 있는 모든 집단 안에서 논의가 이루어질 수 있다. 역시나 여기서도 이런 조직 방식을 구체적으로 제안하는 것은 의미가 없다. 세부 사항을 도출하기까지 많은 실험이 필요하기 때문이다.

모든 종류의 기업에 적용되는 참여 문제는 정치 생활에도 그대로 해당한다. 규모가 방대해지고 복잡해진 현대 국가에서는 민의를 표현한다는 개념이 다양한 정당과 전문 정치인들 사이의 경쟁으로 변질하고 말았다. 이들은 대부분 선거기간이 되면 표를 얻기 위해 여론의 흐름에 따라 공약을 발표하지만, 일단 당선되고 나면 자기에게 가해지는 다양한 압박에 따라 행동한다. 유권자의 민의는 그런 압박 중 한 가지에 불과하다. 사안에 관한 지식을 갖추고, 관심과 확신에 따라 행동하는 정치인은 소수에 불과하다.

유권자의 교육과 정치적 의견 사이에는 뚜렷한 상관관계가 존재하는 것이 사실이다. 정보가 부족한 유권자는 비합리적이고 광신도적인 해법으로 좀 더 기우는 성향이 있지만, 교육 수준이 더 나은 유권자는 좀 더 현실적이고 합리적인 해법으로 기우는 성향을 보인다. 일반 선거의 투표권을 교육 수준이 높은 사람에게 유리하게 제한하는 것은 여러 가지 이유로 실현 가능하지도 않고, 바람직하지도 않고, 또한 철학자가 왕이 될 희망이 거의 없는 권위주의적 사회보다는 민주주의 사회가 우월하기 때문에 장기적으로 민주주의 과정을 정착시키기 위해서는 한 가지 방법밖에 없다. 정치 과정을 통해 유권자들이 정보를 습득하고, 자기네 사회의 문제에 관심을 갖게 함으로써 20세기의 조건에 민주주의 과정을 적응시켜가는 것이다. 타운미팅Town Meeting+의 구성원들이 그 회의를 통해 자기

+ 미국 식민지 시대에 생긴 주민총회를 가리킨다. — 옮긴이

사회의 문제에 관심을 갖게 된 것처럼 말이다. 통신기술의 발달도 이 과정에서 대단히 큰 도움이 될 것이다.

요약하자면 기술사회에서 타운미팅과 비슷하게 실천할 방법은 다음과 같다. 타운미팅 규모의 소집단 수천 개로 구성된 일종의 하원을 구성한다. 이 소집단은 정확한 정보를 제공받고 그를 바탕으로 토론을 해서 정치적 행위의 원칙에 관해 결정을 내린다. 그리고 이들의 결정이 기존의 견제와 균형 시스템이 내리는 결정에서 새로운 요소로 작용한다. 컴퓨터 기술 덕분에 이런 타운미팅의 참가자들이 내리는 결정을 대단히 신속하게 종합할 수 있을 것이다. 정치 교육이 확대됨에 따라 타운미팅 참가자들은 국가 수준과 주 수준에서 이루어지는 의사결정에서 점점 더 큰 부분을 차지하게 된다. 이런 회의는 정보와 토론을 바탕으로 이루어지기 때문에 여기서 나오는 결정은 국민투표와 여론 조사를 통한 결정과는 근본적인 차이가 있을 것이다.

하지만 이런 변화의 가능성이라도 열리기 위해서는 미국의 권력이 다양한 영역에서 권력을 행사하도록 헌법이 책임을 부여한 기관들에 돌아가야 한다는 조건이 필요하다. 군-산업 복합체가 입법부와 행정부의 여러 기능을 가져가려 위협하고 있다. 상원은 외교 정책에 영향을 미칠 때 헌법으로부터 부여받은 역할을 상당 부분 상실했다. (미 상원 외교관계 위원회 의장인 용감하고 상상력이 넘치는 상원의원 J. 윌리엄 풀브라이트James William Fulbright가 이 역할을 최대로 회복시켰다.) 정치에 대한 군의 영향력이 훨씬 더 커졌다. 우리의 국방 예산을 고려하면 국방부(그리고 정부 체계의 다른 영역으로부터 효과적인 통제 없이 운영되는 CIA도)가 영향력을 넓혀가는 것이 놀라운 일은 아니다. 이것은 이해할 수 있는 부분이기는 하지만 우리의 민주주의 시스템에 중대한 위험으로 다가오고 있다. 이 위험을 피하기 위해서는 유권자들이 자신의 의지를 재천명하겠다는 의도를 확실하게 표현하는 수밖에 없다.⁺

이제 정치와 경제 문제에서 다시 문화의 문제로 돌아오면 여기서도 비슷한 변화가 있어야 한다는 것을 알 수 있다. 수동적인 소비자 문화에서 능동적이고 참여하는 문화로의 변화다. 여기서 자세한 부분까지 들어갈 수는 없지만 대부분의 독자가 예를 들어 관람형 예술(관람형 스포츠와 비슷)과 연극, 춤, 음악, 독서 혹은 다른 형식의 작은 소모임 등을 통해 표현되는 능동적 예술의 차이를 이해할 수 있을 것이다.

관람형 예술 대 능동적 예술과 관련된 의문은 교육 영역에도 그대로 적용된다. 우리의 교육 시스템은 대학 진학생의 숫자로만 따지면 대단히 인상적이지만, 질적인 면에서는 인상적이지 못하다. 일반적으로 교육

⁺ 이 원고를 개정하다가 해군 준장 하이먼 리코버Hyman Rickover가 미 상원 외교 문제 위원회에서 한 증언을 읽게 됐다. 그는 국방부 민간 관료들이 해외에서 진행하는 행동과학 연구와 사회과학 연구에 자금을 지원하고, 진행함으로써 외교정책에 문제를 일으키고 있다고 비난했다. "국방부는 평시에도 연방정부가 거두어들인 세금 중 상당 부분을 받아갈 정도로 월등한 자원을 확보하고 있기 때문에 모든 집행 부서 중 영향력이 가장 막강할 수밖에 없다." (〈뉴욕 타임스〉, 1968년 7월 19일)

은 사회적 출세를 위한 도구, 아니면 기껏해야 알고 있는 지식을 활용해서 인간의 삶 중에서 '식량 채집' 부문에 실용적으로 적용하는 도구로 전락하고 말았다. 교양과목 교육만 봐도 프랑스의 시스템처럼 권위적 스타일은 아니지만 지식적인 부분만 다루는 소외된 형태로 제공되고 있다. 사정이 이러니 최고의 지성인 대학생들조차 말 그대로 떠먹여주는 지식만 받아먹는 교육을 받고 있는 것이 놀랍지 않다. 이들은 다행히도 전부는 아니지만 대부분의 경우에서 이런 식으로 떠먹여주는 교육에 불만을 느끼고 있고, 이런 분위기 속에서 전통적인 모든 저작물, 가치관, 개념을 버리는 경향이 있다. 이런 사실에 대해 불평만 해서는 아무 소용도 없다. 이런 조건을 변화시켜야 하며, 이런 변화는 정서적 경험과 생각 사이의 분열이 마음과 정신의 새로운 통합으로 대체되어야만 가능하다. 이것은 위대한 책을 몇백 권 읽는다고 이루어지는 것이 아니다. 이런 방식은 인습적이고 상상력도 부족하다. 이런 변화를 이끌기 위해서는 교사 자신이 활력의 결핍을 관료주의적 지식 전달자의 역할 뒤에 숨기고 관료 노릇을 하던 것을 멈추어야만 한다. 그리고 톨스토이의 말대로 '자기 학생들의 동료 제자co-disciple'가 되어야 한다. 학생들이 철학, 심리학, 사회학, 역사, 인류학의 문제들이 자신의 삶과 자기가 속한 사회의 삶과 연관되어 있음을 인식하지 못한다면 재능이 떨어지는 학생들만 그런 교육에 관심을 기울일 것이다. 그럼 겉으로는 풍요로워 보이는 우리의 교육 체계가 문명의 역사가 일군 최고의 문화적 업적에 아무런 반응도 하지 않는 공허한 간판이 되고 말 것이다. 전 세계적으로 대학의 행정과 교육과정에 학생들이 더 적극적으로 참여할 수 있게 해달라는 요구가 높아지고 있지만 그 속으로 파고들면 이것은 다른 종류의 교육에 대한 요구에서 나온 표면적 증상에 불과하다. 교육 관료 체계에서 이런 메시지를 이해하지 못하면 학생들로부터 받는 존경을 잃고, 결국에는 나머지 인구집단으로부터의 존경도 잃게 될 것이다. 반면 교육체계가 '취약해지면', 즉 학생들의 관심사에 개방적으로 반응한다면 의미 있는 활동에 대한 보상으로 만족과 기쁨을 느낄 수 있을 것이다.[+] 물론 이런 교육 인본주의는 고등교육에만 해당하는 것이 아니라 유치원과 초등학교에서 시작된다. 지금은 칠레에 있는 브라질의 파울루 프레이리P. Freire 교수가 고안하고 적

[+] 마르크스는 비관료주의적 영향이 사람들에게 미치는 영향의 본질을 간결히 이렇게 표현했다. "인간은 인간이고, 인간과 세상의 관계도 인간적인 관계라 가정해보자. 그럼 사랑은 오직 사랑과 맞바꿀 수 있고, 신뢰는 신뢰하고만 맞바꿀 수 있다. 예술을 즐기기 위해서는 예술적 소양을 갖춘 사람이 되어야 한다. 다른 사람에게 영향을 미치고 싶다면 타인을 자극하고 격려하는 영향력을 갖춘 사람이 되어야 한다. 사람과 자연에 대한 당신의 관계 하나, 하나가 의지의 대상, 실제 개인적 삶의 대상에 따라 구체적인 표현으로 나와야 한다. 사랑을 주면서도 그 보답으로 사랑을 이끌어내지 못한다면, 즉 자신을 사랑하는 사람으로 드러내어 당신을 사랑받는 사람으로 만들지 못한다면 당신의 사랑은 무기력과 불행이 된다." 마르크스가 인간을 주로 물질적 탐욕에 따라 움직이는 존재로 보았다는 왜곡된 관점을 고치려면 다음에 소개하는 나의 책을 참고하기를 바란다. 《에리히 프롬, 마르크스를 말하다》와 《사회주의적 인본주의 심포지엄》, 유럽과 미국, 유고슬라비아, 체코슬로바키아, 폴란드, 헝가리의 수많은 인본주의적 마르크스주의자의 글도 참고하라.

용한 대단히 성공적인 알파벳 교육 방식을 통해 이런 방법을 가난한 소작농이나 슬럼 거주자의 알파벳 교육에도 적용할 수 있음이 입증됐다.

참여형 대면 집단에 대한 논의를 마치면서 나는 독자들에게 내가 여기서 제안한 내용이 어떤 장점이 있는지 고려하는 데 매몰되지 말라고 호소하고 싶다. 그 내용들은 참여라는 개념의 원리를 보여주기 위한 것이지 그 제안들이 그 자체로 최고의 해법이라 생각해서 제시한 것이 아니다. 참여형 집단의 구성에 대한 다양한 다양성에 관해 얘기하려면 적어도 또 한 권의 책이 필요할 것이고, 그 주제에 대해서는 이미 많은 책이 나와 있다. 참여를 활성화하는 방안을 제안하는 목적은 민주적 과정을 되살리기 위함이다. 이것은 미국의 민주주의를 강화하고 되살려내지 않으면 시들어 사라지고 말 것이라는 확신에서 나온 것이다. 민주주의는 가만히 멈춰 있을 수 없다.

4
소비의 인간화

기술사회에서 인간을 활성화한다는 목표를 위해서는 소외된 관료주의적 구조를 인본주의적 관리 방식으로 대체하는 것만큼이나 중요하고 어려운 또 다른 단계가 필요하다. 이번에도 역시 뒤에 나오는 제안들은 독자들에게 바람직한 가능성을 보여주기 위함이지 확실한 목표나 방법을 제시하려는 것이 아님을 알아주기 바란다.

지금까지 산업사회는 인간이 원하거나 욕망하는 것은 무엇이든 무차별적으로 받아들여야 하며 사회는 인간의 욕구를 가능한 한 최대로 충족시켜야 한다는 원칙을 따라왔다. 이 원칙에도 몇 가지 예외는 두었다. 예를 들면 술을 원하는 만큼 마음껏 마시고 싶은 인간의 욕구가 존재함에도 일부 법에서는 음주를 제한하거나 심지어 금지하고 있다. 더 강력한 예외로는 마약이 있다. 마리화나 같은 마약의 경우 소유만 해도 심한

처벌을 받는다(마리화나가 얼마나 해로운지에 대해서는 아직도 논란이 있다). 또한 우리는 소위 포르노의 판매와 전시도 제한한다. 더 나아가 우리의 법은 식품의약품법Food and Drug Act에 따라 해로운 식품의 판매도 금지하고 있다. 이런 분야에서는 인간에게 해롭기 때문에 그런 욕망을 충족하고 싶은 사람이 있어도 그것을 금지해야 한다는 전반적 공감대가 형성되어 주법과 연방법으로 구체화했다. 소위 포르노는 실제로 위협을 가하는 것이 없으며, 더 나아가 광고에 숨겨진 음탕함이 성적 탐욕을 불러일으키는 효과가 노골적인 포르노 못지않다고 주장할 수도 있겠지만 주관적 욕망을 만족하는 자유는 제한해야 한다는 원칙이 인정받고 있다. 하지만 이런 제한은 본질적으로 오직 두 가지 원칙에만 근거하고 있다. 육체적 해악에 관한 우려와 흔적처럼 남아 있는 청교도적 윤리관이다. 주관적 욕구라는 문제를 전체적으로 검토하고, 그런 욕구가 존재한다는 사실만으로도 그 충족을 정당화할 충분한 근거가 되는지 검토해볼 시간이 됐다. 그리고 욕구의 기원이나 영향에 대해서는 묻지 않으면서 일반적으로 받아들여지고 있는, 모든 욕구를 충족시켜야 한다는 원리에 의문을 제기하고 검토해볼 때가 됐다.

적절한 해법을 찾아 나서는 과정에서 우리는 두 가지 강력한 장애물을 만난다. 첫째는 산업계의 이해관계다. 산업계의 상상력에 불을 붙이는 존재가 소외된 인간인 경우가 너무 많다. 이런 소외된 인간이 생각해내는 제품은 인간을 능동적으로 만들지 못하고 수동적으로 만든다. 그

외로도 산업계는 미리 욕구와 갈망을 계산해서 광고를 통해 그런 욕구와 갈망을 창조할 수 있으며, 따라서 욕구를 창조해서 그것을 충족시켜 줄 제품을 파는 안전한 방법을 계속 이어간다면 이윤을 잃을 위험이 거의 없음을 잘 알고 있다.

또 다른 어려움은 점점 더 중요성을 더해가고 있는 어떤 자유의 개념 때문에 생겨난다. 19세기에 가장 중요한 자유는 이윤을 창조할 수만 있다면 어떤 형태로든 자산을 이용하고 투자할 수 있는 자유였다. 기업의 경영자가 동시에 소유주이기도 했으므로 그들의 소유욕 때문에 이런 사업가들은 자본을 사용하고 투자할 수 있는 자유를 강조했다. 20세기 중반에 들어서는 미국인들 대부분이 재산이 많지 않았다. 물론 재산이 많은 사람들의 숫자도 상대적으로 늘어나기는 했지만 말이다. 일반적인 미국인들은 취직해서 일하며, 상대적으로 현금, 주식, 채권, 생명보험 등의 형태로 지급되는 적은 급료에 만족한다. 이런 사람들에게는 자본 투자의 자유가 상대적으로 중요한 문제가 아니다. 그리고 주식을 살 수 있는 사람들이라도 이것은 투자 전문가에게 상담을 받거나, 뮤추얼 펀드를 신뢰하며 뛰어드는 일종의 도박에 불과하다. 하지만 오늘날의 실질적인 자유는 다른 영역에서 나온다. 바로 소비의 자유다. 이 영역에서는 기준 이하의 생활을 하는 사람을 제외하고는 모든 사람이 소비의 자유를 경험한다.

여기 국가나 자신이 일하는 회사의 일에 미미한 수준 말고는 어떤 영향도 미칠 수 없는 힘없는 평범한 개인이 있다. 그에게는 상사가 있다. 그의 상사에게도 상사가 있다. 그리고 그의 상사의 상사에게도 상사가 있다. 그러다 보면 상사 없이 자신이 그 일부로 참여하고 있는 경영 기계의 프로그램에 복종하지 않는 사람은 극소수만 남는다. 하지만 이런 평범한 사람이 소비자로서 갖는 힘은 무엇일까? 담배, 치약, 비누, 땀 냄새 제거제, 라디오, 텔레비전, 영화, 텔레비전 프로그램 등은 수십 가지 브랜드가 나와 있다. 그리고 이런 제품들 모두 그의 환심을 사려 애쓴다. 이 제품들은 모두 그의 즐거움을 위해 존재한다. 그는 자유롭게 그중 어느 하나를 더 선호할 수 있지만, 그 제품들 사이에 본질적인 차이는 없음을 잊어버린다. 자기가 좋아하는 재화를 골라서 선호할 수 있는 이 자유가 자기에게 권력이 있다는 느낌을 만들어준다. 인간적으로는 무력한 사람이 구매자 겸 소비자로서는 권력자가 되는 것이다. 소비에서 선택의 자유를 제한해서 이런 권력의 느낌을 제한해보려는 시도가 가능할까? 그렇게 할 수 있는 조건은 딱 하나밖에 없다고 가정하는 것이 타당해 보인다. 바로 사회의 전체적인 분위기가 바뀌어 인간이 진정으로 능동적이고, 자신의 개인적 사회적 일에 관심을 느끼고, 그래서 슈퍼마켓에서 왕이 되어 누리는 거짓 자유에 대한 욕구가 줄어드는 경우다.⁺

⁺ 지지를 호소하는 후보들 중에 선택해서 표를 줄 수 있는 유권자, 혹은 우상을 만들 수도, 파괴할 수도 있다는 데서 자신의 힘을 느끼는 스타 배우의 팬에게서도 이와 비슷하게 권력의 느낌이 존재한다.

무제한 소비 패턴에 의문을 제기할 때는 또 하나의 어려움과 만난다. 강박적 소비는 불안을 보상해준다. 내가 앞에서 지적했듯이 이런 유형의 소비 욕구는 내부의 공허감, 절망, 혼란, 긴장에서 비롯된다. 소비 물품들을 사들임으로써 개인은 말하자면 자기 존재를 확인하고 안심하는 것이다. 소비를 줄이면 불안이 상당 부분 표면화할 것이다. 그래서 불안이 각성할까 봐 저항하다 보면 결국 소비를 줄일 마음이 사라지게 된다.

이런 메커니즘을 보여주는 가장 설득력 있는 사례를 담배 소비에 대한 대중의 태도에서 찾아볼 수 있다. 담배가 건강에 미치는 위험이 잘 알려져 있음에도 대다수는 계속해서 담배를 소비한다. 담배의 쾌락을 포기하느니 차라리 일찍 죽을 가능성을 받아들이겠다는 것일까? 흡연자들의 태도를 분석해보면 이것이 합리화에 불과함을 알 수 있다. 담배 소비는 숨겨진 불안과 긴장을 가라앉혀주기 때문에 사람들은 불안과 대면하느니 차라리 건강의 위험을 감수하려 한다. 하지만 삶의 질이 지금보다 더 중요해진다면 많은 사람이 금연하거나, 적어도 과도한 흡연을 삼가게 될 것이다. 육체적 건강을 생각해서가 아니라 자신의 불안과 정면으로 마주할 때라야 비로소 더 생산적인 삶을 살 방법을 찾을 수 있기 때문이다. (덧붙이자면, 섹스를 비롯한 강박적인 쾌락을 느끼는 경우 그 쾌락은 대부분 쾌락을 원해서가 아니라 불안을 회피하고 싶어서 생기는 것이다.)

소비 제한의 문제는 평가하기가 너무 어렵다. 심지어 미국처럼 부유한 사회에서도 적당한 욕구들이 모두 충족되는 것은 당연히 아니기 때문이다. 적어도 전체 인구의 40퍼센트 정도에 해당하는 말이다. 최적의 소비 수준에 도달하지도 못했는데 어떻게 소비 감소를 생각할 수 있겠는가? 이 질문에 대한 해답을 구할 때는 반드시 고려해야 할 두 가지 사항이 있다. 첫째, 부유한 부문에서는 이미 소비가 해로운 수준에 도달했다는 점이다. 둘째, 지속적인 소비 증가를 목표로 삼으면 최적의 소비 수준에 도달하기 이전이라도 탐욕스러운 태도가 만들어져 정당한 욕구만 충족시키는 것이 아니라 욕망과 만족을 끝없이 증가시키려는 꿈까지도 충족시키기를 바라게 된다. 바꿔 말하면 생산과 소비 곡선의 무제한 상승이라는 개념은 소비의 정점에 도달하기 전부터 이미 개인에서 수동성과 탐욕을 키우는 데 크게 기여한다는 말이다.

이런 부분을 고려하더라도 나는 우리 사회가 생명에 복무하는 사회로 전환하기 위해서는 반드시 소비 형태를 바꾸고, 따라서 간접적으로 현 산업사회의 생산 패턴도 바꾸어야 한다고 믿는다. 이런 변화는 분명 관료주의적 명령 때문에 찾아오는 것이 아니라 삶을 발전시키는 욕구와 삶을 방해하는 욕구의 차이에서 오는 문제를 교육을 통해 인식한 시민들이 연구하고, 정보를 나누고, 논의하고, 결정을 내릴 때 찾아올 것이다.

이 방향으로 내딛는 첫걸음은 이 두 종류의 욕구를 구분하는 연구다. 내가 아는 바로 이런 연구는 한 번도 진지하게 진행된 바가 없다. 심리학자, 사회학자, 경제학자, 소비자 대표로 이루어진 집단이라면 인간의 성장과 기쁨에 복무한다는 의미에서 '인간적인' 욕구, 산업계가 이윤을 남길 투자처를 찾을 목적으로 선전 활동을 통해 합성해낸 욕구에 대한 연구를 수행할 수 있을 것이다. 다른 수많은 문제와 마찬가지로 여기서도 이 두 종류의 욕구와 그 중간 유형의 욕구들 간의 차이를 판단하는 것이 중요한 것이 아니라 지극히 중요한 질문을 제시할 수 있느냐가 문제다. 이런 질문은 사회과학자들이 소위 사회의 매끄러운 기능이나 그에 대한 옹호자로서 자신의 기능 대신 인간에게 관심을 갖기 시작할 때만 제기될 수 있다.

이 시점에서 행복의 개념과 관련해서 한 가지 일반적인 고려사항을 소개해도 좋을 것 같다. '행복'이란 용어는 역사가 오래다. 이 개념의 의미가 그리스 쾌락주의hedonism에서 유래해서 현대의 용도로 자리 잡기까지의 과정을 여기서 자세히 파고들기는 적절치 않다. 그냥 오늘날 대부분의 사람이 경험하는 행복은 질적인 부분에 상관없이 자신의 욕망이 완전히 충족된 상태를 의미한다고만 해두자. 행복의 개념을 이런 식으로 생각하면 그리스 철학자들이 부여했던 중요한 성질이 상실된다. 즉 행복은 순수하게 주관적인 욕구가 충족된 상태가 아니라 인간의 총체적인 실존과 그 잠재력이라는 측면에서 객관적으로 타당성이 있는 욕구가 충족된 상태를 의미한다는 것이다. 행복보다는 기쁨과 강렬한 생기aliveness에 대해 생각하는 편이 낫겠다. 예민한 사람은 비합리적인 사회에서만이 아니라 최고의 사회에서도 필연적으로 찾아오는 인생의 비극에 깊은 슬픔에 빠질 수밖에 없다. 예민하고 생기가 넘치는 사람에게는 기쁨과 슬픔이 피할 수 없는 경험이다. 현재 사용되는 의미의 행복은 온전한 인간적 경험에 따라오는 조건이라기보다는 포만에서 오는 피상적인 만족 상태다. '행복'이 기쁨으로부터 소외되었다고도 할 수 있을 것이다.

어떻게 하면 소비와 생산 패턴을 변화시킬 수 있을까? 우선 많은 개인이 이런 소비 패턴의 변화를 실험해볼 수 있다. 이런 실험은 이미 소집단을 통해 어느 정도 진행된 바 있다. 여기서 중요한 것은 금욕주의나 가난이 아니다. 삶을 부정하는 소비에 반대하고 삶을 긍정하는 소비여야 한다. 이를 구분하려면 삶이 무엇인지, 능동성이 무엇인지, 자극이 무엇인지, 이 각각의 반대가 무엇인지에 대한 자각이 밑바탕을 이루어야 한다. 옷, 예술 작품, 집은 양쪽 범주에 모두 들어갈 수 있다. 의류 제작업자와 홍보 담당자의 이윤 추구를 위해 제시된 패션을 따르는 옷은 개인적인 선택과 취향의 결과로 나온 아름답고, 매력적인 옷과는 큰 차이가 있다. 의류 제작업자가 자기에게 강요된 옷보다는 자기가 좋아하는 옷을 입고 싶어 하는 여성들에게 자신의 제품을 팔겠다고 선택할 수도 있다. 이것은 예술 작품과 모든 심미적 감상물에 해당하는 이야기다. 이런 것들이 지위의 상징이나 투자처로서의 기능을 상실한다면 아름다움에 대한 감각이 새로이 발전될 기회를 잡을 수 있을 것이다. 불필요한 홍보는 퇴출될 것이다. 개인용 자동차도 지위의 상징이 아니라 유용한 운송수단으로 자리 잡는다면 중요성에서 변화가 생길 것이다. 그럼 2년마다 신차를 구입할 이유도 없을 것이고, 자동차 산업계도 생산에 근본적인 변화를 줄 수밖에 없게 된다. 요약하면 지금까지는 소비자들이 산업계가 자기를 세뇌하도록 방치하거나 심지어 그것을 반겼다. 소비자에게는 산업계에 가할 수 있는 자신의 힘을 인식하고, 산업계는 소비자가 원하는 것을 생산하거나, 아니면 막대한 손실을 볼 것을 각오하고 소비자가 거부하는 제품을 생산하라고 강제할 수 있는 기회가 있다. 산업계의 지배에 대한 소비자의 혁명은 아직 찾아오지 않았다. 하지만 이것은 충분히 가능한 일이고, 그 결과는 심대할 것이다. 산업계가 상황을 장악해서 소비자의 마음을 조작할 수 있는 권리를 강화하지만 않는다면 말이다.

추가적인 조치로는 현재의 광고 방식에 대한 합법적 제한이 가능하다. 이 부분은 굳이 설명이 필요 없다. 여기서 말하는 광고는 지난 수십 년 동안 발전해온 최면술에 가까운 비합리적인 광고를 의미한다. 담배 제조업체가 제품에 건강상의 위험에 대한 경고를 싣도록 한 법이나[+] 식품, 약물, 화장품과 관련된 거짓 광고나 잘못된 광고를 금지하는 법처럼[++] 간단한 법으로도 이런 효과를 볼 수 있다. 광고산업, 신문사, 텔레비전 방송사, 라디오 방송사, 무엇보다도 최면성 광고가 상품의 기획과 생산에서 중요한 측면을 차지하고 있는 산업 분야들이 똘똘 뭉쳐서 저항하는 것

+ 이 원고를 개정하다가 정부 기관에서 텔레비전과 라디오에서의 담배 광고 전면금지를 목표로 하는 법안을 제안했다는 글을 읽었다.

++ 기존의 법과 관련해서 개인적으로 소통해준 법무차관보 프랭크 우젠크라프트 Frank W. Wozenkraft에게 감사드린다.

을 이겨내고 그런 법을 통과시킬 가능성이 얼마나 될지는 민주적 과정의 변화에 달려 있다. 한마디로 시민들이 정확한 정보를 제공받고, 이 문제에 관해 토론과 논의를 진행할 수 있느냐, 시민들의 힘이 로비와 그 로비에 영향을 받는 의원들의 힘보다 강하냐에 달려 있다고 할 것이다.

생산 자체의 방향 전환은 어떨까? 최고의 전문가와 계몽된 대중의 의견이 다른 재화보다 특정 재화의 생산이 인구 전체의 이해관계에 더 부합한다고 결론을 내렸을 때 기업체가 가장 이윤이 많이 남는 제품이나 비전, 실험, 대담성을 최소로 요구하는 제품을 생산할 자유를 우리 헌법의 틀 안에서 제한하는 것이 가능할까? 법적으로 보면 별다른 문제를 일으키지는 않을 것이다. 19세기에 그런 변화를 일궈내려면 산업의 국유화가 필요했겠지만 요즘에는 헌법을 고치지 않아도 법률을 통해 그런 부분을 달성할 수 있다. 수익만 생긴다면 무엇이든 생산하는 패턴이 아니라 분별 있는 사회 패턴에 맞추어 생산하는 방식에 동의하는 산업에 우호적인 조세제도를 만들면 유용한 제품의 생산을 고취하고, 쓸모없고 건강하지도 못한 제품의 생산은 억누를 수 있다. 정부는 대출을 조정하거나, 경우에 따라서는 일단 수익성 있는 투자의 타당성이 입증된 후에 정부 소유의 기업이 먼저 길을 닦아서 민간 부분이 혁신에 나서게 도와주는 방식으로 적절한 생산을 유도할 수도 있다.

이런 것들을 모두 차치한다고 해도 몇몇 작가, 그중에서도 특히 존 케네스 갤브레이스John Kenneth Galbraith는 민간 부문의 투자보다 공공 부문의 투자를 늘릴 것을 강조했다. 공공 운송, 주택, 학교, 공원, 극장 등 공공 부분에서 이루어지는 모든 투자는 두 가지 장점이 있다. 첫째 인간의 활력과 성장에 맞추어진 욕구를 충족할 수 있다. 둘째, 개인적인 탐욕과 질투를 키워 타인과의 경쟁심을 강화하기보다는 연대감을 키워준다.

소비에 관한 이야기를 하다 보니 내가 마지막으로 주장하고 싶은 관련성에 관한 이야기로 이어졌다. 바로 수입과 노동 사이의 관련성이다. 우리 사회는 과거의 많은 사회와 마찬가지로 "일하지 않는 자는 먹지도 말라"(러시아 공산당은 이 오랜 원칙을 말을 살짝 바꾸어 사회주의 행동 계율의 수준으로 격상시켰다)라는 원칙을 받아들였다. 문제는 한 인간이 공익에 기여함으로써 자신의 사회적 책임을 다하느냐가 아니다. 사실 이런 규범을 명시적 혹은 암묵적으로 받아들인 문화권에서 일할 필요가 없는 부자들은 이런 원칙에서 면제된다. 그리고 신사의 정의는 일을 하지 않아도 우아하게 살 수 있는 남성이었다. 문제는 어떤 인간이든 사회적 의무를 다하든, 그렇지 않든 상관없이 빼앗을 수 없는 생존권을 갖고 있다는 것이다. 노동과 다른 모든 사회적 의무는 인간이 자기 몫의 사회적 책임을 받아들이고 싶은 욕망이 생길 정도로 매력적이어야 한다. 하지만 굶어 죽을 수도 있다고 위협해서 노동을 강제해서는 안 된다. 만약 후자의 원칙이 적용된다면 사회는 노동을 매력적인 것으로 만들 필요도, 사회의 시스템을 인간의 욕구에 맞출 필요도 없을 것이다. 과거의 많은 사회는 인구 집단의 규모와 가용한 생산 기술 사이의 불균형 때문에 사실상 강제 노동의 원리를 무시할 자유가 없었다.

부유한 산업사회에서는 그런 필요가 없음에도 중산층과 상류층의 사람들은 산업 시스템이 만들어놓은 일자리 상실의 두려움을 강요받고 있다. 우리의 산업 시스템은 사람들에게 자유와 재량을 제공할 수 있음에도 그만큼의 자유와 재량을 제공하지 않는다. 정신이 올바로 박혀 있지 않으면, 즉 너무 의존적이고, 인기 없는 의견을 말하고, 잘못된 여성과 결혼하면 비슷한 수준의 다른 일자리를 찾는 데 어려움이 있을 것이며, 수준 낮은 일자리를 얻는다는 것은 자신과 가족이 인격이 저하된 기분을 느껴야 한다는 것을 의미한다. 이들은 신분 상승 과정에서 얻은 새로운 친구들을 잃게 될 것이고, 아내가 자신을 경멸하고 아이들에게도 존경을 잃을까 봐 두려워한다.

여기서 내가 주장하고 싶은 것은 사람에게는 빼앗을 수 없는 생존권, 즉 아무런 조건 없이 생명 유지에 필요한 기본 재화를 받을 수 있는 권리, 교육과 의료 혜택을 받을 수 있는 권리, 적어도 개와 고양이가 주인에게 받는 정도의 대우를 받을 권리는 있다는 원칙을 지키자는 것이다. 반려동물은 무언가를 증명하지 않아도 주인에게 먹을 것을 공급받을 수 있다. 이런 원칙이 받아들여져 남자, 여자, 청소년 등이 자기가 무슨 일을 하든 자신의 물질적 존재가 위태로워지지는 않을 것임을 확신할 수 있다면 인간의 자유라는 영역이 엄청나게 강화될 것이다. 이 원칙을 받아들이면 사람들은 1, 2년 정도의 시간을 새롭고 자기에게 더 잘 맞는 일을 준비하는 데 투자함으로써 자신의 직업을 바꿀 기회를 얻을 수도 있다. 공교롭게도 대부분의 사람은 어떤 활동이 자기에게 제일 어울리는지 알 수 있는 경험과 판단력이 없는 나이에 자신의 직업을 결정하게 된다. 30대 중반쯤이 되면 사람들은 자신이 어떤 직업을 선택했어야 하는지 깨닫지만, 다시 시작하기에는 너무 늦어버렸다는 사실을 알게 된다. 이 원칙이 받아들여지면 여성들도 취직 준비가 안 되었다는 이유로 불행한 결혼 생활을 어쩔 수 없이 유지하는 일이 없어질 것이다. 사람들도 자기가 선호하는 일자리를 찾는 동안에 굶어 죽을 일이 없다는 것을 알면 자기와 맞지 않는 모멸적인 근무 조건을 받아들이도록 강요받지 않을 것이다. 이런 문제는 실업수당이나 복지수당 같은 것으로는 결코 해결되지 않는다. 많은 사람이 인식하고 있듯이 여기서 사용되고 있는 관료주의적 방법은 사람들에게 굴욕감을 주기 때문에 이렇게 수당을 받는 처지에 빠지는 것을 많은 사람이 두려워한다. 그리고 이런 두려움만으로도 사람들은 가혹한 노동조건을 거부할 자유를 박탈당하게 된다.

이런 원칙을 어떻게 현실화할 수 있을까? 몇몇 경제학자들은 그 해법으로 '연간보장소득annual guaranteed income'을 제안했다. (역소득세negatgive income tax라고도 한다.)+ 연간보장소득은 노동을 하는 사람들의 불만과 분

+ 로버트 테오발드가 편집한 《보장된 소득》, 밀턴 프리드먼Milton Friedman과 제임스 토빈James Tobin과 멜빈 레어드Melvin Laird 위스콘신주 하원의원이 제안한 내용도 참고하기 바란다. 레어드는 프리드먼 계획의 특성을 대부분 포함한 법안을 제출했다.

노를 촉발하지 않기 위해 노동 최저임금보다는 확실하게 낮아야 할 것이다. 그렇지만 현재의 최저임금은 인간으로서 존엄성을 지키는 생활수준으로는 너무 낮다. 따라서 보장소득이 너무 낮아지는 것을 막기 위해서는 실업자, 병자, 노약자의 소득 한계를 올려야 한다. 대단치는 않지만 그래도 적절한 물질적 기반을 보장하려면 현재의 임금 수준도 상당히 올라가야 한다. 현재의 최저기준 수준으로 최저생활기준을 결정하는 것도 가능하다. 더욱 안락한 삶을 원하는 사람은 더 수준 높은 소비를 자유롭게 추구할 수 있다.

연간보장소득은 일부 경제학자들이 주장한 바와 같이 우리 경제에서 중요한 규제 요소로 작동할 수 있다. 클래런스 에드윈 에어스는 이렇게 적었다. "우리에게 필요한 것은 지속적으로 증가하는 공급과 보조를 맞추기 위해 고정적으로 수요를 창출할 수 있는 장치를 산업 경제의 영구적인 특성으로 도입하는 것이다. 사회보장제도에서 현재 만 72세 이상의 모든 사람에게 보장해주는 것처럼 취업 소득에 상관없이 공동체의 모든 구성원에게 기본소득을 보장해주면 경제에 점점 간절하게 필요해지는 효과적인 수요의 흐름을 창출할 수 있을 것이다."⁺

메노 로벤스타인은 보장소득과 전통 경제학에 관한 논문에서 이렇게

⁺ 로버트 테오발드가 편집한 《보장된 소득》 170쪽에 수록된 클래런스 에드윈 에어스 C. E. Ayres의 〈보장된 소득: 어느 제도주의자의 견해Guaranteed Income: An Institutionalist View〉

말했다. "대부분의 사람보다도 경제학자들은, 심지어 전통 경제학자라도 선택의 메커니즘에 대한 그의 분석을 볼 수 있어야 하고, 수단이 필수적이기는 하지만 얼마나 제한적인지 이해해야 한다. 새롭게 제안되는 수많은 사고방식처럼 보장소득이라는 개념도 실천 프로그램으로 자리 잡기 위해서는 이론에 대한 문제 제기로서 환영받아야 한다."⁺

연간보장소득을 지지하는 사람들은 인간은 게으르기 때문에 '일하거나 굶어 죽거나'의 원칙이 폐지된다면 일을 하지 않을 것이라는 반대에 잘 대처해야 한다. 사실 이런 가정은 잘못된 것이다. 이미 압도적인 증거가 나와 있듯이 인간은 활동하려는 내재적 경향을 가지고 있고, 게으름은 병리적인 증상에 불과하다. 노동의 매력에는 거의 관심을 두지 않는 '강제 노동' 시스템 아래 놓인 인간은 잠시라도 그 시스템을 벗어나려 한다. 만약 사회 전체가 노동의 의무에서 강압과 위협을 제거하는 방식으로 변화한다면 아무것도 하지 않는 것을 선호하는 사람은 소수의 병자만 남을 것이다. 일부 소수의 사람은 수도승의 삶에 해당하는 삶을 선호해서 내면의 발전, 사색, 연구 등에 전념하고 싶은 경우도 생길 수 있다. 중세시대도 일부의 수도승 같은 삶을 감당할 여유가 있었으니, 부유해진 기술사회는 그럴 여유가 훨씬 더 클 것이다. 하지만 이번에도 역시

⁺ 메노 로벤스타인Meno Lovenstein의 〈보장된 소득과 전통 경제Guaranteed Income and Traditional Economics〉, 앞의 책, 124쪽

자신이 그 시대에 쓸모 있는 사람임을 입증하도록 강요하는 관료주의적 방식이 도입되는 순간 전체적인 원칙이 망가지고 말았다.

현재로서는 받아들여질 가능성이 크지 않지만 중요한 원칙으로 여겨지는 보장소득 원칙의 한 변형이 있다. 존엄성 있는 삶을 영위하기 위한 최소의 요구를 현금 기반이 아니라 돈을 내지 않아도 되는 무료 재화와 서비스를 통해 충족하는 방법이다. 우리는 초등교육에 이런 원칙을 적용하고 있다. 마찬가지로 공기로 호흡하면서 그 값을 치르는 사람도 없다. 이런 원칙을 모든 고등교육으로 확대할 수 있을 것이다. 수강은 무료로 진행하고, 모든 학생에게 급료를 지불해서 교육에 자유롭게 접근할 수 있게 한다. 그리고 이 원칙을 다른 방향으로 확장할 수도 있다. 즉 빵과 교통의 무상 공급으로 시작해서 기본 재화를 무상 공급하는 것이다. 그리고 결국에는 이 원칙을 존엄성 있는 삶을 위한 최고의 물질적 기반을 구성하고 있는 모든 재화로 확장할 수 있다. 이런 비전이 가까운 미래에 실현되기 힘든 유토피아적 비전이라는 것은 두말할 나위가 없다. 하지만 훨씬 더 발전된 상태의 사회에서는 경제적으로나 심리적으로나 합리적인 비전이다.

점점 더 생각 없이, 점점 더 많은 소비를 하게 되는 끝없는 과정에서 빠져나오라고 많은 부유한 미국인들에게 권고하기 위해서는 이런 제안의 경제적 함축이 엄밀하게 무엇인지 간단하게나마 짚고 넘어가야 할 것이다. 그 질문은 한 마디로 다음과 같다. 소비 수준을 계속 높이지 않고도 강하고 안정적인 경제를 유지하는 것이 기술적으로, 경제적으로 가능할까?

이 시점에서 미국 사회는 적어도 전체 인구의 40퍼센트에게는 부유한 사회가 아니다. 그리고 남은 60퍼센트 중에서도 대다수는 과소비를 하고 있지 않다. 따라서 현시점의 질문은 생산 수준의 성장 제한에 관한 질문이 아니라 소비의 새로운 방향 설정에 관한 질문이다. 그럼에도 이것은 반드시 던져봐야 할 질문이다. 어떤 수준이 될지는 알 수 없지만, 가난한 국가를 도울 수 있는 생산까지도 포함해서 일단 전체 인구가 적당하게 소비할 수 있는 수준에 도달하고 나면 인구 증가 대비 생산 증가를 고려할 때 생산이 정체되는 시점이 찾아올까? 아니면 우리는 경제적인 이유로 끝없는 생산의 증가, 그에 따른 소비의 증가를 목표로 추구해야 할까?

실용적인 관점에서 볼 때 지금 시점에서 급한 것은 아니지만 경제학자와 계획 입안자들도 이 문제를 연구하기 시작해야 한다. 생산의 무한한 증가를 목표로 계획을 세우는 한은 우리의 사고방식과 경제 관행도 그런 목표에 영향을 받기 때문이다. 이는 이미 연간 생산 증가율을 결정할 때 중요하게 작용한다. 최대 경제성장률이라는 목표는 하나의 도그마처럼 받아들여지고 있다. 이것이 긴급한 실질적 필요 때문인 것은 의심할 바가 없지만 생산의 무한한 증가를 '진보'라는 인생의 목표로 삼는 유사종교적 원칙 때문이기도 하다. 이는 천국의 산업 버전이다.

19세기에 글을 썼던 초기 정치경제학자들도 점점 생산을 늘려가는 경제적 과정은 목표를 위한 수단이지, 그 자체로 목표가 아님을 분명하게 이해하고 있었다는 점이 흥미롭다. 일단 물질적인 삶이 적당한 수준까지 올라오면 생산에 투입하던 에너지를 사회의 진정 인간적인 발전으로 전용할 것을 그들도 예상하고, 또 바랐다. 더 많은 물질 재화의 생산을 최종적인 목표로 삼는 것은 그들에게는 낯선 개념이었다. 존 스튜어트 밀은 이렇게 적었다.

> 혼자 있다는 의미로서 고독은 어느 명상에서나 사람에게나 필수적인 부분이다. 그리고 자연의 아름다움과 웅장함 속에서 맞이하는 고독은 생각과 열망의 요람이며, 이것은 개인에게만 좋은 것이 아니다. 사회도 이것이 없이는 제대로 돌아가지 못한다. 자연적으로 일어나는 활동을 자연에서 더는 찾아볼 수 없다고 생각하면 만족감도 찾아들지 않는다. 땅은 한 뼘도 남김없이 모두 인간의 식량을 재배할 경작지로 변하고, 꽃을 피우는 불모지나 자연적인 목초지도 모두 밭으로 일구어버리고, 가축으로 길들일 수 없는 네발짐승과 새들은 모두 식량을 두고 경쟁을 벌이는 라이벌로 취급해서 몰살하고, 모든 생울타리와 불필요한 나무는 뿌리째 뽑아내고, 야생의 관목이나 들꽃은 농업 생산력 개선이라는 명목 아래 잡초 취급을 하며 모두 근절하여 그들이 자랄 땅마저 남아나지 않는다면 무슨 만족을 느낄 수 있을까.

더 나아지고, 행복해지는 것과는 상관없이 그저 더 많은 인구를 감당하는 것을 목표로 삼으면 부와 인구의 무제한적 증가로 사라질 것이 생기고, 또 거기에 빚을 지고 있던 지구의 쾌적함도 상당 부분 함께 잃어야만 할 것이다. 그렇게 될 거라면 나는 후대를 생각해서라도 필요 때문에 강요당하기 전에 정체하는 것에서 스스로 만족을 찾기를 진심으로 바란다.

자본과 인구의 정체가 인간의 발전도 정체한다는 의미가 아님은 굳이 말하지 않아도 될 것이다. 온갖 종류의 정신적 문화와 도덕적, 사회적 진보에 그 어느 때보다도 많은 기회가 열릴 것이다. 그리고 삶의 기술Art of Living을 정진할 여지도 커지고, 인간의 정신이 성공의 기술에 더는 사로잡히지 않는다면 삶의 기술이 발전할 가능성도 더 높아질 것이다.[+]

"인생을 더 고귀하고 진정 행복해지게 만드는 데는 거의, 혹은 전혀 기여하지 않는" 소비에 관해 얘기하면서 알프레드 마셜은 이렇게 말했다. "노동 시간이 줄어들면 많은 경우 국가의 이익이 줄어들고, 임금도 낮아지겠지만 대부분의 사람이 일을 덜 하는 것이 아마도 더 좋을 것이다. 그 결과로 물질적인 수입은 줄어들겠지만 계층을 막론하고 모든 사

+ 존 스튜어트 밀, 《정치경제학 원리》, 750~751쪽

람이 가장 무가치한 소비 방식을 버림으로써 그 부분을 상쇄할 수 있다면 말이다. 그럼 사람들은 여가 시간을 더 잘 보내는 법을 배울 수 있을 것이다."[+]

이 저자들을 낭만적인 사상에 빠져 있는 한물간 사람들이라 평가절하하기 쉽다. 하지만 소외된 인간의 생각과 계획이 더 나을 수도 있는 이유가 그저 최신의 것이어서, 혹은 기술 프로그래밍의 원칙에 부합한다는 이유만은 아닐지도 모른다. 오늘날 우리는 계획을 세우기에 더 나은 조건을 갖고 있기 때문에 20세기 전반의 분위기에서는 조롱당했던 개념과 가치관에 주의를 기울일 수 있는 여지가 생겼다.

그럼 여기서 제기되어야 할 이론적 의문점은 이것이다. 과연 현대의 기술적 조건에서 상대적으로 정체된 경제 시스템이 가능한 것일까?

나는 일반적인 부분에 대해서만 일부 논평해보려 한다. 만약 우리가 불필요한 오늘날의 비인간화된 소비를 축소한다면 그것은 생산 감소, 일자리 감소, 수입 저하, 특정 경제 부문의 이윤 감소 등을 의미할 수 있다. 분명 이런 일을 계획 없이 대충한다면 전체적인 경제와 특정 인구 집단에 큰 고난이 찾아올 것이다. 따라서 늘어난 여가를 모든 노동 분야로 퍼뜨리고, 사람들을 재훈련하고, 일부 물질 자원을 재배치하는 계획적인

[+] 알프레드 마셜Alfred Marshall, 《경제학 원리*Principles of Economics*》(18판), London: Macmillan, 1966, 599쪽

과정이 필요하다. 여기에는 시간이 필요할 것이고, 계획도 물론 개인적 계획이 아니라 사회적 계획이어야 한다. 어느 한 산업계가 넓은 경제 부문에 영향을 미칠 계획을 조직하고 시행할 수는 없기 때문이다. 계획만 적절히 이루어진다면 전체적인 수입과 이윤의 감소는 극복 못 할 문제로 보이지 않을 것이다. 소비 자체가 줄어들면서 수입에 대한 필요성도 줄어들 것이기 때문이다.

생산 잠재력이 향상되면서 우리는 생산과 소비 수준을 일정하게 유지하면서 노동을 상당 부분 줄일 것이냐, 아니면 비슷한 노동 수준을 유지하면서 생산과 소비를 훨씬 늘려나갈 것이냐는 선택과 마주했다. 우리는 좀 마지못해 양쪽의 중간을 선택했다. 생산과 소비도 증가했지만 동시에 노동시간은 줄어들고 미성년 노동은 대부분 폐지됐다. 이런 선택은 기술적 필요 때문이 아니라 변화하는 사회적 태도와 정치적 투쟁의 결과물이었다.

이런 제안들의 장점이 무엇이든 간에 다음의 질문에 대해 경제학자들이 제안할 수 있는 대답에 비하면 별로 중요하지 않다. 과연 상대적으로 정체된 기술사회가 가능할까?

전문가들이 이 문제에 전념하는 것이 중요한 부분이다. 그리고 그들은 이 문제가 중요한 것이라 느껴야만 그렇게 할 것이다. 이런 변화를 이끌어내는 데 따르는 가장 큰 어려움은 경제나 기술적인 측면이 아니라 정치적, 심리적 측면임을 잊지 말자. 습관과 사고방식은 쉽게 바뀌지 않는다. 그리고 수많은 강력한 이해관계 집단이 소비의 러닝머신 속도를 유지하고 끌어올리는 데 이해관계가 걸려 있기 때문에 패턴을 바꾸기 위한 투쟁은 길고 고될 수밖에 없다. 여러 번 말했듯이 이 시점에서 가장 중요한 것은 일단 시작부터 하는 것이다.

이 문제의 마지막 요점은 물질 소비에 집착하는 것이 우리만은 아니라는 것이다. 다른 서구 국가, 소련, 동유럽 국가들도 마찬가지로 파괴적인 덫에 빠져 있는 것 같다. 러시아인들이 우리를 세탁기와 냉장고 속에 묻어버리겠다고 주장하는 것만 봐도 그렇다. 진짜 도전과제는 그들을 잘못된 경주로 들어서지 않게 만드는 것이 아니라 그들이 이 사회발전 단계를 초월해서 진정 인간적인 사회를 건설하도록 만드는 것이다. 이런 사회는 자동차와 텔레비전을 몇 개나 가졌는지로 사람을 정의하고, 측정하지 않을 것이다.

생산 수준을 최종적인 수준으로 정체시키는 문제는 현시점에서는 사실상 이론에 불과하지만 소비자들이 인간으로서 살아가는 데 정말로 필요한 것만을 충족시키는 수준으로 소비를 줄였을 때 생겨날 수 있는 아주 실용적인 문제가 있다. 정말로 이런 일이 일어난다면 생산을 불필요한 사적 소비에서 더욱 인간적인 형태의 사회적 소비로 전향함으로써 현재의 경제 성장률을 유지할 수 있다.

그런 경우에서 필요한 것이 무엇인지는 명확하며 현대의 많은 분석가와 작가들이 지적한 바 있다. 그런 활동 중 일부를 여기서 목록으로 뽑아보자면 다음과 같다. 국가의 생활공간 중 상당 부분을 재건설하기(수백만 채의 새로운 주택 건설), 공공 교육과 공공 보건의 확장과 개선, 도시와 도시 간의 대중교통 시스템 발전, 미국의 지역 공동체에 수만 건의 크고 작은 레크리에이션 프로젝트 진행하기(공원, 놀이터, 수영장 등), 문화생활 발전의 중대한 시작, 즉 드라마, 음악, 춤, 그림, 영화 제작 등을 아직도 인간 실존의 이런 차원에 대해 전혀 알지 못하고 있는 수십만 개의 공동체와 수백만 명의 삶으로 끌어들이기가 있다.

이 모든 노력에는 물리적 생산과 광범위한 인적자원의 개발이 수반된다. 이런 프로젝트는 빈곤한 소수가 겪고 있는 문제를 즉각적으로 공략하면서 동시에 빈곤하지 않은 사람들의 상상력과 에너지를 끌어들일 수 있다는 미덕이 있다. 그리고 소비를 줄임으로써 만들어지는 문제를 완전히 제거하지는 못해도 완화할 수는 있다. 물론 이런 종류의 큰 프로그램이 진행되려면 국가적 차원의 경제 사회적 계획이 필요하다. 인적자원과 물질 자원 사용 방식에 큰 변화가 있을 것이기 때문이다. 이런 노력을 통해 얻는 가장 소중한 결과는 우리가 진정 인간적인 공동체를 향해 나아가고 있음을 보여주는 것이다. 그리고 이런 프로그램 각각의 측면에서 사람과 공동체가 프로젝트의 개발과 실행에 책임을 지고 참여할 기회를 보장해준다면 열심히 활동하는 생기 넘치는 사회로 크게 또 한 걸음을 내딛게 될 것이다. 국가적 차원에서는 입법 활동과 더불어 적절한 금전적 지원이 필요하겠지만 국가의 개입은 이런 아주 중요한 부분으로 최소화하고, 대중의 참여와 프로젝트의 다양성을 극대화하는 것이 일차적인 원칙이 되어야 한다.

민간 부문에서 공공 부문으로의 이런 전환 과정에서 세금으로 거둬들이는 수입이 더 많아지면서 민간 소비는 억제되고, 민간 부분에서 비인간적으로 이루어지던 소비가 더 많은 사람이 창의적인 공동체 활동에 참여하는 새로운 형태의 공공 소비로 큰 전환이 일어날 것이다. 당연한 얘기지만 그런 전환을 위해서는 경제 시스템에 심각한 혼란이 일어나는 것을 막기 위해 세심한 계획이 필요하다. 이런 점에서 보면 우리는 무기 생산에서 평화적인 생산으로의 전환에서 겪고 있는 것과 동일한 문제를 마주하고 있는 셈이다.

5

심리정신적 부활

이 책 전반에서 인간의 물질적인 필요만을 충족시키면 인간 시스템이 제대로 기능하지 못하며, 따라서 물리적 생존은 보장되지만, 사랑, 다정함, 이성, 기쁨 등 인간 고유의 욕망과 능력은 보장되지 못한다고 주장해 왔다.

과거에는 예술뿐만 아니라 종교도 인간 실존의 이런 측면을 포함하고 있었다. 하지만 새로운 과학의 성장과 함께 전통적인 형태의 종교는 점점 그 효력을 잃었고, 유럽이 신학적 틀거리 안에서 닻을 내리고 있는 가치관들이 소실될 위험이 생겨났다. 도스토옙스키는 이런 공포를 유명한 문장으로 표현한 바 있다. "신이 존재하지 않는다면 모든 것이 가능해진다." 18세기와 19세기에 몇몇 사람들은 과거에 종교가 상징한 것과 대등한 존재를 만들어야 할 필요성을 느꼈다. 로베스피에르는 인공적으로 새로운 종교를 만들어내려 했지만 필연적으로 실패할 수밖에 없었다. 새로운 종교를 창립하는 것이 설사 가능하다 하더라도 계몽적 유물론 enlightened materialism이라는 그의 배경과 후대를 우상처럼 숭배하는 방식 때문에 거기에 필요한 기본 요소를 이해하지 못했기 때문이다. 그와 비슷하게 오귀스트 콩트Isidore Marie Auguste François Xavier Comte도 새로운 종교를 만들 생각을 했지만 그의 실증철학positivism도 마찬가지로 만족스러운 해답에 도달하기가 불가능했다. 여러 면에서 볼 때 19세기에 등장한 마르크스의 사회주의가 세속적인 용어로 표현되기는 했지만 가장 중요하고 대중적인 종교적 운동이었다.

신에 대한 믿음이 사라지면 모든 윤리적 가치관이 붕괴할 거라던 도스토옙스키의 전망은 부분적으로만 현실이 됐다. 소유권과 개인의 삶 그리고 다른 원칙들에 대한 존중 등 법과 관습을 통해 일반적으로 받아들여지는 현대 사회의 윤리적 가치관들은 온전히 남아 있다. 하지만 사회적 질서 유지에 필요한 것 너머의 인간적 가치관들은 실제로 그 영향력과 존재감을 잃었다. 하지만 또 다른 더 중요한 의미에서 보면 도스토옙스키가 틀렸다. 지난 10년, 특히 지난 5년 동안 유럽 전역과 미국에서는 인본주의적 전통의 더욱 심오한 가치관을 향해 움직이는 대단히 강한 경향이 나타났다. 의미 있는 삶에 대한 이런 새로운 탐구는 고립된 소규모의 집단에서만 등장한 것이 아니다. 이런 경향은 가톨릭교회와 개신교 교회만이 아니라 완전히 다른 사회적, 정치적 구조로 되어 있는 국가들에서 전체적인 움직임으로 자리 잡았다. 이 새로운 움직임에서 신을 믿는 사람과 믿지 않는 사람 모두 공통적으로 느끼는 것은 개념보다는 행동과 태도가 먼저라는 확신이다.

하시드 유대교Hassidic 종파의 이야기는 이러한 사례를 보여준다. 하시드 유대교 스승의 한 지지자에게 누군가 물었다. "왜 그 스승을 찾아가십니까? 그의 지혜의 말씀을 들으러 가는 것입니까?" 그러자 그가 이렇게 대답했다. "아, 아닙니다. 그분이 신발끈을 어떻게 묶는지 보러 갑니다." 이 이야기의 요점을 굳이 설명할 필요는 없을 것이다. 한 사람에게서 중요한 것은 그가 어린 시절부터 노출되어왔거나, 기존에 통용되던 사고방식이라서 받아들이고 있는 개념이나 의견이 아니라, 그 사람의 성격, 태도, 그가 갖고 있는 개념이나 확신의 본능적 뿌리 같은 것이다. **위대한 대화**는 공통의 관심사와 경험이 공통의 개념보다 더 중요하다는 개념을 바탕으로 한다. 그렇다고 여기서 언급한 다양한 집단들이 자신의 개념이나 아이디어를 모두 버렸다거나, 그런 것들이 중요하지 않다고 주장한다는 의미는 아니다. 하지만 이들은 모두 공유되지 않은 개념 때문에 일어나는 분리보다 공유하는 관심사, 경험, 행동으로 갖는 공통점이 더 많다는 것을 확신하게 됐다. 아베 피에르Abbe Pire+는 이것을 아주 단순하면

+ 가톨릭 사제이면서도 레지스탕스와 국회의원으로 활동하고 엠마우스 공동체를 설립하여 평생 빈민 운동에 힘썼다. — 옮긴이

서도 강력한 방식으로 표현했다. "오늘날 중요한 것은 믿는 자와 믿지 않는 자 사이의 차이가 아니라, 관심을 갖는 자와 갖지 않는 자의 차이다."

삶에 대한 이런 새로운 태도는 다음의 원칙에서 좀 더 구체적으로 표현할 수 있다. 인간이 발전하기 위해서는 에고, 탐욕, 이기심, 동료 인간들과의 분리, 즉 기본적인 외로움이라는 좁은 감옥을 초월할 수 있는 능력이 필요하다는 것이다. 이 초월이야말로 세상을 향해 열리고, 세상과 관계를 맺고, 취약한 상태에서도 정체성과 진실성의 경험을 갖추고, 살아 있는 모든 것을 누리고, 자기 능력을 주변 세상에 쏟아붓고, 관심을 갖기 위한 조건이다. 요약하면, 소유와 이용이 아니고 존재가 탐욕과 병적인 자기중심주의를 극복하는 단계가 만들어내는 결과물이라는 것이다.+

완전히 관점을 달리해서 보면 모든 급진적 인본주의자가 공유하는 원칙은 모든 형태의 우상 숭배를 부정하고 그와 맞서 싸우는 것이다. 여기서 말하는 우상 숭배는 예언적 의미에서 자기 손으로 만들어낸 작품을 찬양하고, 따라서 인간을 사물에 굴종하게 만들고, 그 과정에서 자신도 사물이 되어가는 것을 말한다. 구약성서의 예언가들이 맞서 싸웠던 우상은 돌과 나무, 혹은 나무와 언덕으로 되어 있는 우상이었다. 우리 시대의

+ 여기서 대략 소개한 원칙들이 불교와 유대교-기독교 사상에서 공유하는 기본적인 원칙이라는 것은 잘 알려져 있다. 마르크스주의 철학자 아담 샤프Adam Schaff가 자신의 책 《사회와 개인*Society and the Individual*》에서 이기주의를 극복하는 것이 마르크스주의 윤리학의 기본 원리라고 말한 것이 흥미롭다.

우상은 지도자, 제도, 특히 국가, 생산, 법과 질서, 인간이 만든 모든 것이다. 우상을 부정하느냐, 마느냐의 문제와 비교하면 신을 믿느냐, 마느냐의 문제는 부차적이다. 소외의 개념은 성경에서의 우상 숭배 개념과 동일하다. 이는 결국 자기가 창조한 사물에, 자기가 행하는 상황에 굴복하는 것이다. 신을 믿는 자와 믿지 않는 자를 나누는 것이 무엇이든 간에 공동의 전통에 진심이기만 하다면 그 둘을 하나로 이어주는 무언가가 존재한다. 그것은 바로 우상 숭배에 관한 공동의 싸움이며, 그 어떤 사물이나 제도도 신의 자리를, 혹은 신을 믿지 않는 자들이 좋아할 표현으로는 '사물이 아닌 것No-thing'을 위해 마련해둔 그 빈자리를 대신할 수 없다는 깊은 확신이다.

급진적 인본주의자들이 공유하는 세 번째 측면은 가치관에는 위계가 존재하며, 낮은 계층의 가치는 가장 높은 가치로부터 흘러나오며, 이런 가치들이 개인적인 삶과 사회적 삶의 실천에서 구속력과 설득력을 부여하는 원칙이라는 것이다. 자신의 삶에서 실천할 때 이런 가치관을 어디까지 긍정할 것인지에 관해서는 급진주의에도 차이가 있을 수 있다. 기독교와 불교에서도 수도승 같은 삶을 사는 사람이 있고, 그렇지 않은 사람이 있는 것처럼 말이다. 하지만 이 모든 차이는 타협할 수 없는 어떤 가치관이 존재한다는 원칙 말고는 상대적으로 중요하지 않은 것들이다. 나는 사람들이 진심으로 십계명이나 불교의 팔정도를 자신의 삶을 안내하는 실효성 있는 원칙으로 받아들인다면 우리의 문화 전체에 극적인 변화가 일어나리라 생각한다. 지금의 시점에서는 실천에 옮겨야 할 가치관의 구체적인 부분에 관해 토론할 필요가 없다. 지금 중요한 것은 이데올로기에 굴복하는 것이 아니라 실천의 원칙을 받아들이는 사람을 모으는 것이니까 말이다.

또 다른 공동의 원칙은 모든 인간의 연대 그리고 생명과 인본주의에 대한 충성이다. 이것은 어느 특정 집단에 대한 충성보다 항상 우선되어야 하는 부분이다. 사실 이런 식으로 말하는 것 자체가 옳지 않다. 누군가를 향한 진정한 사랑은 특별한 속성을 가지고 있다. 내가 누군가를 사랑한다는 것은 그 안에 들어 있는 한 인간만을 사랑하는 것이 아니라 인류 그 자체, 혹은 기독교나 유대교의 신자들이라면 신을 사랑하는 것이기 때문이다. 마찬가지로 내가 내 조국을 사랑할 때도 그 사랑은 동시에 인간과 인류를 향한 사랑이다. 그렇지 않은 경우라면 그것은 독립할 수 없는 능력이 결여해 있어서 생기는 애착에 불과하며, 앞에서 분석한 바에 따르면 이것은 우상 숭배의 또 다른 발현이다.

여기서 중요한 질문은 이 새롭고도 낡은 원칙들을 어떻게 실천에 옮길 것이냐다. 종교의 울타리 안에 있는 사람들은 자신의 종교를 온전한 인본주의의 실천으로 바꿀 수 있기를 희망할 것이다. 하지만 이것이 일부 인구 집단에서는 실천 가능할지 모르겠으나, 명확한 이유로 신학적 개념 그리고 그 개념과 너무도 긴밀하게 얽혀 있어 분리할 수 없는 관련 의식들을 받아들일 수 없는 사람들도 있음을 그들도 알고 있다. 그럼 교회의 문턱에도 갈 수 없는 사람들에게는 어떤 희망이 있을까?

요한계시록이나 신화에서 제시하는 것과 같은 전제를 내세우지 않는 새로운 종교를 세울 수 있을까?

분명 종교는 해당 사회의 구체적이고, 역사적인 과정과 고유의 사회적, 문화적 상황 안에 들어 있는 정신이 발현된 것이다. 그냥 이런저런 원리와 원칙을 끌어모았다고 종교가 만들어지는 것은 아니다. 심지어 비종교적인 불교는 아무런 전제도 제시하지 않고 있지만 서구 세계에 간단하게 받아들여질 수는 없다. 불교는 서구의 합리적이고 현실주의적인 사고와 충돌하고 기본적으로 모든 신화로부터 자유롭기 때문이다.+ 종교는 보통 탁월한 천재성을 갖추고 보기 드문 카리스마를 가진 인물에 의해 세워진다. 오늘날 그런 인물이 등장했다는 조짐은 보이지 않는다.

+ 체코슬로바키아의 주요 철학자 즈비넥 피셔Zbyněk Fišer는 불교에 관한 중요하고도 심오한 서적(1968년 출간)에서 강조하기를 불교는 마르크스주의를 제외하면 대중의 마음을 즉각적으로 사로잡고, 하나의 철학 시스템이면서도 서구에서 종교라 부르는 체계로 발전한 역사적으로 유일한 철학이라고 했다. 하지만 그는 또한 불교를 산업사회에 그대로 가져다가 지금의 형태 그대로 새로운 종교로 받아들일 수는 없다고 했다. 이것은 선종 불교에서 그대로 적용되는 이야기다. 선교는 내가 아는 가장 세련되고, 반이데올로기적이고, 이성적이고, 심리정신적 시스템이며, 선종 불교는 온갖 형태의 비종교적 종교를 발전시켰다. 선종 불교가 지식인들, 특히 젊은이들 사이에서 큰 관심을 불러일으키고, 서구 세계에 심오한 영향을 미칠 수도 있겠다는 희망을 불어넣었던 것은 우연이 아니다. 나는 선종 불교의 개념들이 그런 영향력을 미칠 수 있다고 믿지만, 그러기 위해서는 예측할 수 없는 새로운 형태의 전환 과정을 거쳐 서구의 종교와 대등한 무언가로 변모해야 할 것이다.

하지만 그 사람이 아직 태어나지 않았다고 가정할 이유는 없다. 하지만 그렇다고 새로운 모세나 새로운 부처가 나타날 때까지 기다리고 앉아 있을 수는 없다. 우리는 지금 갖고 있는 것을 가지고 무언가 해야 한다. 그리고 어쩌면 역사의 이 시점에서 이것은 오히려 환영할 일인지도 모른다. 새로운 종교 지도자가 나타나면 너무나도 빨리 새로운 우상으로 변질하고, 그의 종교는 사람들의 마음과 정신이 스며들기도 전에 우상 숭배로 전락할 수 있기 때문이다.

그렇다면 우리에게는 몇몇 보편적 원칙과 가치관 말고는 남는 것이 없을까?

나는 그렇게 믿지 않는다. 만약 사회를 말려 죽이는 관료주의, 인위적인 소비, 조작된 지겨움에 질식하고 있는 산업사회 내부의 건설적인 힘들이 새로운 희망의 분위기를 통해, 이 책에서 논의한 사회적, 문화적 변화로 풀려 나온다면, 또한 개인들이 자신에 대한 자신감을 회복하고, 사람들이 자발적으로 진정한 집단생활을 통해 서로의 접점을 찾는다면 새로운 형태의 정신심리적 관행이 등장하고 자라서 결국에는 사회적으로 수용 가능한 총체적 시스템으로 통합될지도 모른다. 하지만 가장 중요한 요소는 바로 현대 산업사회의 정치적, 사회적, 만화적 상황에 반응해서 연민, 사랑, 정의감, 진리를 일깨우는 것, 또한 이런 깨달음을 바탕으로 행동에 나서는 것이다. 이런 인본주의의 각성은 베트남전에 대한 반대, 세계 곳곳에서 이루어지고 있는 고문에 대한 반대, 핵 재무장에 대한 반대, 생태적 불균형으로 초래된 생명의 파괴 위협에 눈을 감고 있는 것에 대한 반대, 인종 간 불평등에 대한 반대, 자유롭고 순응하지 않는 사상에 대한 억압 반대, 가난한 사람들의 물질적 비극의 증가에 대한 반대, 부자들이 가난한 사람들을 착취하는 것에 대한 반대, 생산수단이 인간을 지배해서 인간을 사물화하는 비인간적 정신에 대한 반대의 형태로 표현되고 있다. 이러한 반대 표현은 생명이 사물을 지배하고, 인간이 기계를 지배해야 하며, 모든 사회적 합의는 인간 자신의 모든 잠재력을 꽃피우며 성장해야 한다는 하나의 목표를 향해야 하며, 죽음, 기계화, 소외로부터 모든 형태의 생명을 지지해야 한다는 요구로 분출되고 있다. 이런 새롭고도 급진적인 인본주의가 모든 국가, 모든 종교에서 발견되고 있으며, 다른 집단에 대해서만 비판하는 것이 아니라 자신이 속한 집단에 대해서도 비판하고 있다는 것은 참으로 놀라운 사실이다. 자기 집단에 대해 비판적이라는 것은 중요한 부분이다. 자신이 변화에 기여할 수 있는 유일한 집단이기 때문이다. 그리고 이 새로운 인본주의 운동이 진정 국가, 인종, 종교를 초월해서 일어나고 있고, 인간으로서 존재하는 경험과 삶을 사랑하는 경험을 공유하는 서로 다른 정치적, 철학적, 종교적 생각을 갖고 있는 사람들을 하나로 통합하고 있다는 점도 놀랍다. 한 마디로 오늘날의 영적 르네상스는 신학과 철학의 영역에서만이 아니라 정치적, 사회적 행동과 운동으로도 일어나고 있다. 사실 이런 새로운 인본주의는 신에 대한 믿음을 설교하지 않고, 사람이 신의 의지를 실천해야 한다고 설교했던 예언자들의 메시지로 돌아가는 것이다. 그렇다면 신의 의지는 무엇일까? "내가 기뻐하는 금식은 흉악의 결박을 풀어주며 멍에의 줄을 끌러 주며 압제당하는 자를 자유롭게 하여 모든 멍에를 꺾는 것이 아니겠느냐? 또 주린 자에게 네 양식을 나누어 주며 떠돌아다니는 빈민을 집에 들이며, 헐벗은 자를 보면 입히며, 또 네 골육을 피하여 스스로 숨지 아니하는 것이 아니겠느냐?"(〈이사야〉 58장 6~7절)

어떤 새로운 영적 형태, 상징, 의식이 등장할지는 예측할 수 없다. 아마도 전통적인 의미의 신학적인 형태가 아니라, 신, 열반이 시적 상징이 되는 경험을 공유하게 될 것이다. 그런 영적 르네상스가 펼쳐질 수 있는 조건은 인간이 다시 한번 죽음 대신 생명을 얻고, 생명을 위해 삶을 조직하는 것이다.

6

우리가 할 수 있을까?

앞서 나온 장들에서 제안한 변화는 20년 앞을 내다보며 예상해본 급진적인 시스템의 변화다. 여기서 기본적인 질문은 민주적 방식을 채택한 미국의 현 권력구조 안에서, 현재의 여론과 사고방식 아래서 이런 변화를 달성하는 것이 가능한가, 하는 것이다. 이것이 달성 불가능하다면 그저 경건한 척 위선을 떠는 부질없는 희망이나 이상주의적 몽상에 불과할 것이다. 반면 이 질문이 통계적 확률에 관한 질문이 아니라는 점도 분명히 해야 한다. 앞에서도 지적하였듯이 개인적인 것이든, 사회적인 것이든 생명과 삶에 관한 문제에서만큼은 치유 확률이 51퍼센트인지 5퍼센트인지를 따지는 것은 중요하지 않다. 삶은 변덕스럽고 예측 불가능해서 그 삶을 살아내는 단 한 가지 방법은 가능성이 있는 한 그 삶과 생명을 구하기 위해 모든 노력을 기울여야 한다는 것이다.

그렇다면 여기에서 문제는 우리가 그런 변화를 달성할 것이 확실한가, 혹은 그런 변화의 가능성이 높은가가 아니라, 과연 가능하기는 한가의 문제다. 아리스토텔레스는 이렇게 말했다. "도저히 일어날 것 같지 않은 일이 일어나는 것도 확률의 일부다." 헤겔 철학의 용어를 사용하자면 여기에서 문제는 '실제 가능성real possibility'이다. 여기서 '가능성'이란 말은 존재하지 않는 전제를 바탕으로 한 가능성인 추상적 가능성, 논리적 가능성을 의미하지 않는다. 실제 가능성이 있다는 것은 양은 몰라도 그 존재는 입증할 수 있는 심리적, 경제적, 사회적, 문화적 요인이 변화의 가능성을 보여주는 기반이 된다는 것을 의미한다. 이번 장의 목표는 앞 장에서 제안한 변화를 달성할 수 있는 그런 실제 가능성을 구성하는 다양한 요인에 대해 논의하는 것이다.

이런 요인들에 대해 알아보기 전에 바람직한 방향으로 변화를 일구어낼 조건이 결코 될 수 없는 수단이 어떤 것인지 강조하고 가야겠다. 첫 번째는 프랑스혁명이나 러시아혁명 같은 폭력적 혁명이다. 폭력혁명이란 무력으로 정부를 전복시키고 혁명 지도자가 권력을 탈취하는 것을 의미한다. 몇 가지 이유로 미국에서는 이런 해법이 불가능하다. 첫째, 그런 혁명을 일으킬 수 있는 군중 기반이 존재하지 않는다. 모든 흑인 민병대를 비롯해서 모든 급진적 학생까지 혁명을 찬성한다고 해도(물론 실제로는 그렇지 않지만) 그 수가 전체 미국 인구에 비하면 극소수에 불과하기 때문에 군중 기반이 나올 수가 없다. 만약 필사적인 소규모 집단이 일종의 게릴라전을 통해 정부 전복을 시도한다고 해도 그럼 군사독재의 성립과 게릴라 탄압이 필연적으로 뒤따를 수밖에 없다. 백인을 상대로 한 흑인의 게릴라전을 생각하는 사람들은 게릴라전은 자신에게 우호적인 인구 집단 안에서 활동할 때만 성공을 거둘 수 있다고 한 마오쩌둥毛澤東의 기본적인 통찰을 잊고 있는 것이다. 실제 상황이 그와 반대라는 것을 여기서 굳이 강조할 필요도 없을 것이다. 더군다나 실제로 지금까지 언급한 두 가지 요인이 존재하지 않는다고 해도 과연 폭력혁명이 성공할 수 있을지 의심스럽기 그지없다. 기술을 가진 대규모의 관리자와 관료들을 바탕으로 움직이는 미국처럼 고도로 복잡한 사회는 현재 산업기계를 운영하는 사람들과 동일한 기술을 가진 사람들이 그 자리를 대신 차지하는 경우가 아니면 제대로 기능할 수 없다. 학생 계층이나 흑인 군중 모두 그런 기술을 가진 사람이 많지 않다. 따라서 이들이 혁명에 승리한다고 해도 그것은 미국 산업 기계의 붕괴로 이어질 뿐이며, 국가가 힘으로 진압하지 않아도 스스로 패배할 수밖에 없다. 베블런은 이미 40년 전에 《기술자와 가격체계*The Engineers and the Price System*》에서 이 핵심을 지적한 바 있다. 그는 이렇게 적었다. "미국의 기득권을 빼앗아오려는 운동이라면 국가의 산업 전체를 넘겨받아 현재의 기득권이 추구하는 것보다 더 효율적인 계획을 바탕으로 처음부터 새로 운영할 수 있는 능력을 갖춘 조직을 통해 이루어지지 않는 한 일시적인 성공을 거두기도 힘들다. 그리고 지금이나 당장 가까운 미래에 그런 조직이 생겨날 조짐은 보이지 않는다."[+] 그는 사보타주sabotage, 방해 공작와 게릴라전을 통한 혁명에 관해 이야기가 나왔을 때 오늘날과 특별히 관련이 있는 주장도 덧붙였다. "미국이나 유럽에 있는 두세 곳의 산업화 지역처럼 기계산업이 결정적인 영향을 미치는 곳에서는 그곳 공동체가 하루하루 돌아가는 그 산업 시스템에 기대어 간신히 생계를 꾸려간다. 이런 곳에서는 균형 잡혀 있던 생산 과정이 심각하게 교란되는 경우가 쉽게 찾아오고, 그럴 때마다 공동체의 많은 사람이 즉각적으로 어려움에 부닥친다. 미국노동연맹American Federation of Labor[++] 같은 당파적인 조직에서는 이런 상황, 즉 산업이 손쉽게 교란되어 사람들에게 큰 어려움이 닥칠 수 있는 상황을 자신의 중요한 자산으로 삼고 있다. 이런 상황 덕분에 사보타주가 손쉽게 효과를 볼 수 있는 것이다. 하지만 사보타주는 혁명이 아니다. 그랬다면 미국노동연맹, 세계산업노동자연맹I.W.W.[+++], 시카고 패커스Chicago Packers[+‡], 미국상원 모두 혁명가로 쳐야 할 것이다."[‡]

그리고 이렇게 덧붙여 말했다. "체제 전복 운동이 효력을 발휘해서 잠

+ 소스타인 베블런, 《기술자들과 가격체계》, New York: Harcourt, Brace and World, 1963, 97쪽

++ 1886년에 새뮤얼 곰퍼스Samuel Gompers가 오하이오주의 콜럼버스에서 창립한 온건 보수 성격의 노동조합이다. — 옮긴이

+++ 미국 시카고에 본부를 둔 노동조합이다. — 옮긴이

+‡ 1961~1962년에 미국프로농구 리그에서 활동했던 농구팀이다. — 옮긴이

‡ 앞의 책, 99쪽

시라도 버티기 위해서는 시작하기 전부터 미리 해당 공동체의 물질적 복지가 의존하고 있는 산업 시스템이 충분히 생산적으로 운영되게 만들고, 공동체 곳곳으로 상품과 재화가 원활하게 유통되게 해야 한다. 그렇지 않다면 기존의 산업조건 아래서는 짧은 시간 교란이 일어나면서 일시적으로 더 힘들어지는 시간만 생겨날 뿐 아무것도 달성할 수 있는 것이 없다. 발전된 산업국가에서는 산업시스템의 관리에 일시적으로만 실패해도 체제 전복 운동이 즉각적으로 패배하게 된다. 이 지점에서는 역사의 교훈으로부터 배울 것이 없다. 현재의 산업 시스템과 이 산업 시스템을 통해 긴밀하게 얽힌 공동체 생활방식은 역사상 유례가 없기 때문이다."✢

1968년의 산업사회가 1917년 러시아 사회, 1918년 독일 사회와 기술적 측면에서 어떤 차이가 있었는지 고려하는 것이 중요하다. 이런 사회들은 상대적으로 훨씬 덜 복잡한 사회였고, 정부와 산업의 조직체들을 외부의 지적이고 능력 있는 사람이 장악하는 것이 가능한 사회였다. 하지만 1968년의 미국 사회는 1917년의 러시아와는 완전히 다르다.

여기서 다시 폭력의 문제와 만나게 된다. 국제 관계에서는 핵무기의 존재 때문에, 그리고 국가 안에서는 국가 구조의 복잡성 때문에 폭력적 방식이 그 근거를 잃고 있는 작금의 상황에서 비록 소수이긴 하나 폭력을 해결 방법으로 생각하는 사람들이 있다는 것이 참으로 놀랍고, 당혹

✢ 앞의 책, 100쪽

스러울 뿐이다. 이렇게 폭력이 인기를 끌게 된 것은 심리적, 영적 절망과 공허, 생명에 대한 혐오가 낳은 결과다. 그리고 인간을 선천적이고, 거의 통제 불가능한 파괴 본능에 따라 폭력에 끌리는 존재로 묘사하는 심리이론과 마리네티Emilio Filippo Tommaso Marinetti의 〈미래파 선언Manifesto of Futurism〉(1909)에서 혁명의 미덕으로서 죽음과 파괴에 대한 사랑을 노골적으로, 혹은 암묵적으로 합리화하는 현대의 일부 급진적 사상가에 이르기까지 문학과 예술 분야에서 나타나고 있는 경향이 여기에 부채질을 하고 있다.

하지만 고전적인 의미에서의 폭력 혁명이 가능하지 않다고 해서 기술사회의 인간화로 이어지는 근본적인 변화가 혁명적 속성을 갖고 있지 않다는 의미는 아니다. 그렇다면 충분히 많은 인구가 이런 변화를 요구하게 만들 수 있느냐, 혹은 적어도 이런 변화에 반대하지는 않게 만들 수 있느냐가 문제다. 다수의 인구가 두려워하는 것은 딱 하나, 혼란이다. 즉 산업 장비가 마비되고 파괴되어 혼란과 유혈 사태로 이어지는 것을 두려워한다. 하지만 생산 장비들이 계속해서 가동된다고 가정하면(사실 꼼꼼한 계획의 도입과 공공 서비스 분야에 대한 대규모 투자를 통해 생산 장비들이 더 잘 가동하게 될 것이다) 다른 사람의 삶을 자신의 권력으로 좌우하고 있다는 느낌을 상실할까 두려워하는 사람 그리고 진정한 삶을 향해 돌아서지 못하는 구제불능의 관료에게 찾아오는 위험 말고는 아무 위험이 없다. 대다수, 특히 총체적 소비에 질린 젊은 세대들은 삶을 회복해줄 그런 사회적, 정치적 변화를 요구할 준비가 되어 있다. 1968년에 매카시의 대통령 후보 지명 선거운동 동안 매카시가 대중에게 큰 호소력이 있었던 것을 보면 그동안 자신의 의견을 분명하게 표현하지 못하던 많은 사람이 과감하고 인본주의적인 접근 방식에 반응했음을 알 수 있다. 매카시의 추종자들을 보면 젊은 좌파부터 자신의 불만을 인식하고 있고, 인본주의적 사회를 위해 필요한 변화의 방향이 무엇인지 머릿속에 그릴 수 있는 부유한 중산층에 이르기까지 사회적 구성이 대단히 다양했다. 하지만 급진적 인본주의를 지지하는 새로운 유권자층은 매카시 지지자들에 국한되지 않고 대단히 폭넓게 분포하고 있다. 그 유권자층은 주로 학생(미국에서는 이 학생이 젊은 세대 중에서 차지하는 비율이 그 어느 나라보다도 크다), 지식인, 과학자, 전문업종 종사자, 특히 고도로 사이버네이션화한 현대 기업체에서 일하는 사람 등으로 구성되어 있고, 그 스펙트럼의 반대쪽에는 흑인들이 있다. 자주 언급되듯이 노동자 계층은 생산 과정에서 주도적인 위치를 상실했다. 사이버네이션이 강화되면서 참여 여부에 따라 생산, 따라서 사회의 운명을 좌우할 계층이 과학자와 기술자 계층으로 바뀌었다.

좌파에서부터 비즈니스에 몸담은 인본주의 지지자에 이르기까지 이런 집단을 우리 편으로 끌어들여 변화를 위한 대중적 압력은 만들어내는 것이 가능하냐는 질문에는 답을 구하기 어렵다. 만약 그 대답이 '그렇다'라면 변화의 요구를 멈추는 방법은 파시스트적 방법을 사용하는 법밖에 없다. 하지만 사회적으로 가장 중요한 인구 부문의 큰 저항에 직면하면 독재가 성립하기는 쉽지 않다.

사회적 요인 덕분에 중산층이 귀를 기울이고, 움직이기 시작하는 것이 가능했다. 물질적 풍요를 접해본 중산층은 소비를 더 많이 하는 것이 행복으로 이어지는 길이 아님을 몸소 체험할 수 있었다. 이들은 고등교육을 통해 새로운 아이디어를 접할 수 있고, 그래서 합리적인 주장에 더 민감하게 반응할 수 있다. 이들은 안락한 경제 상황 덕분에 자신이 해결할 수 없는 많은 개인적 문제를 더 잘 인식하게 된다. 이들의 마음 한구석에는 종종 무의식적으로 이런 질문이 자리 잡고 있다. 바랄 수 있는 것은 모두 갖게 되었는데도 어째서 행복하지 못하고 외롭고 불안할까? 우리의 삶의 방식, 우리 사회의 가치 체계에 무언가 잘못된 것이 있나? 그리고 더 나은 다른 대안이 있을까?

한 가지 중요한 요소가 더 있다. 젊은 세대와 부모 간의 관계다. 근래에 들어서는 만 12세에서 20세 사이의 젊은이들이 자기가 설교 들었던 내용의 진실성에 대해, 혹은 지금까지 이루어졌다는 업적에 관해 의심하며 부모와 대립하는 경우가 아주 많아졌다. 그리고 많은 부모가 이런 자녀들에게 영향을 받고 있다. 이를 두고 부모들이 권위주의적 가치와 진보적 가치에 대한 믿음이 사라졌음을 보여주는 유감스러운 조짐이라 말할 사람도 있을 테지만, 이런 믿음의 결여가 적어도 지금은 아주 큰 장점으로 작용하고 있다. 부모들이 자녀를 통해 개종당할 수 있는 여지가 열렸으니까 말이다. 자녀들은 실망스러운 경험을 했지만 아직은 거짓과 허튼소리를 체념해 받아들이지 않고, 눈이 깨어 있기 때문에 부모의 삶에서 나타나는 뿌리 깊은 모순을 지적하며 부모와 대립할 수 있다. 그 과정에서 자녀가 부모들을 자극해서 세상을 더 진지하고 희망적으로 바라보게 만드는 경우도 드물지 않다. 일부는 전에는 절망을 느꼈던 정치적 행위에 새로운 관심을 갖게 되는 경우도 있다.

진정한 변화 가능성의 기반을 형성하는 요인 중에서도 가장 중요한 것이 있는데 일반론에서는 여기에 대해 비중 있게 다루어지지 않고 있다. 바로 아이디어의 힘이다. 아이디어와 이데올로기의 차이를 지적할 필요가 있다. 이데올로기는 대중이 소비할 수 있도록 공식화된 아이디어를 말한다. 모든 사람은 자신이 무언가 좋고 바람직한 것을 위해 행동을 하고 있다는 믿음을 통해 죄의식을 씻고 싶은 욕구를 가지고 있는데 이데올로기는 그 역할을 충족시켜주는 역할을 한다. 이데올로기는 언론, 연설가, 이데올로기 학자들이 이데올로기와는 아무 상관도 없고, 오히려 그와 정반대일 때가 많은 목적을 위해 대중의 심리를 조작하기 위해 기성품으로 만들어져 나온 '생각의 상품thought-commodity'이다. 이런 이데올로기가 즉석에서 만들어질 때도 있다. 예를 들면 자유를 위한 전쟁으로 묘사되어 전쟁이 인기를 끌게 되는 경우나, 종교적 이데올로기가 그 종교의 진정한 아이디어와는 완전히 다른 내용임에도 그 종교의 이름으로 현재의 정치적 상황을 합리화하는 데 사용되는 경우다. 본질적으로 이데올로기는 능동적 사고나 능동적 감정에 호소하지 않는다. 이것은 사람을 흥분시키거나 잠을 재우는 약과 비슷하다. 히틀러는 이것을 간파하고《나의 투쟁*Mein Kampf*》에서 대중집회를 열기 가장 좋은 시간은 저녁이라고 했다. 이때는 사람들이 피곤한 상태라서 제일 민감하게 영향을 받았다. 그와는 대조적으로 아이디어는 진짜를 나타낸다. 아이디어는 사람이 눈을 뜨고 잠에서 깨어나게 한다. 아이디어는 사람들이 생각하고 능동적으로 느낄 것을 요구하며, 전에는 보지 못한 것을 보라고 요구한다. 아이디어는 인간의 이성 그리고 내가 앞 장에서 '인간적 경험'이라 묘사한 다른 모든 능력에 호소하기만 한다면 거기에 노출된 사람들을 일깨우는 힘을 가지고 있다. 아이디어가 사람의 마음을 움직이면 가장 강력한 무기가 된다. 아이디어가 사람의 마음속에 열정, 헌신을 만들어내고 인간의 에너지를 끌어올리고 한곳으로 모으기 때문이다. 중요한 점은 아이디어가 모호하고 일반론적이지 않고, 구체적이고 계몽적이고 인간의 욕구와 관련된 것이어야 한다는 것이다. 현재의 상황을 옹호하는 사람들에게 아이디어가 존재하지 않는 상황에서는 아이디어의 힘이 더욱 강해진다. 그리고 지금의 상황이 바로 그렇다. 우리의 관료사회와 우리가 부추기는 종류의 조직들은 그 본질상 잘해야 관료주의적 효과만을 얻을 뿐 아이디어는 얻을 수 없다. 지금의 상황을 19세기 중반의 상황과 비교해보면 19세기의 낭만파와 반동주의자들에게는 아이디어가 충만했고, 그중에는 심오하고 매력적인 것들도 많았다. 그 아이디어가 약속한 것들을 충족시키는 것과는 다른 목적에 사용되기는 했지만 말이다. 하지만 요즘에는 현 상황을 옹호하는 사람들에게 도움이 될 아이디어가 존재하지 않는다. 그 사람들은 자유기업체제, 개인의 책임, 법과 질서, 조국의 영광 등 낡고 빤한 공식만을 반복하고 있다. 그중에는 우리가 언급하고 있는 현실과 아예 반대인 것도 있고, 그저 모호한 이데올로기에 불과한 것들도 있다. 요즘에는 새로운 아이디어들을 거의 전적으로 과학자, 예술가, 멀리 내다보는 경제인과 정치인 등 현 상황에서 기본적인 변화를 원하는 사람들 사이에서만 찾아볼 수 있다는 것이 놀랍다. 새로운 방향을 원하는 사람들은 아이디어를 갖고 있다는 것이 바로 기회다. 그와 대조적으로 현 상황을 옹호하는 사람들에게는 낡아빠진 이데올로기밖에 없다. 이데올로기는 사람들의 입을 다물게 만들 수는 있지만 사람들을 자극하고 에너지를 끌어 올려주지는 못한다.

매스컴은 어떨까? 매스컴은 새로운 아이디어의 전파를 차단하게 될까? 매스컴은 기득권을 뒷받침하고 있으니 급진적 변화에 우호적인 아이디어를 차단하겠다고 말한다면 그것은 지나친 단순화다. 매스컴이 기득권의 일부인 것은 사실이지만 그들에게는 고객이 필요하고, 따라서 언론이 뉴스를 발표해야 하는 것과 마찬가지로 매스컴도 사람들을 끌어들이는 아이디어를 발표해야 하고, 새로운 뉴스 공급처와 경쟁해야 한다. 매스컴이 새로운 아이디어의 전파에 절대적인 장애물이라 믿는 것은 너무 교조적이고 추상적인 생각이며, 미국 같은 국가의 텔레비전, 라디오, 언론 사업에 내재해 있는 미묘한 현실을 제대로 고려하지 못하는 것이다. 정부가 매스컴을 완전히 통제하는 국가에나 해당되는 이야기를 자기 제품을 팔아야 살아남을 수 있는 매스컴에 똑같이 적용할 수는 없다.

다행히도 아이디어의 전파가 매스컴의 우호적 태도에만 전적으로 달려 있지는 않다. 종이 표지로 책을 만드는 페이퍼백이 등장하면서 출판 방식이 극적으로 변했다. 충분히 많은 독자를 확보할 수 있는 개념이라면 기꺼이 출판하겠다는 출판사가 많을 것이다. 전체 독자층에 비하면 소수의 독자라 해도 말이다. 출판사에서 이렇게 출판하려 하는 경우는 아이디어 자체에 관심이 있어서 그럴 수도 있지만, 대부분은 책을 팔아야 하기 때문이다. 페이퍼백을 60센트에 구입할 수 있으면 잡지만큼이나 저렴하기 때문에 본문이 흥미롭고 관심을 끌 수 있는 내용이기만 하면 아이디어를 수월하게 전파하는 수단이 될 수 있다. 아이디어를 전파할 수 있는 또 다른 방법은 한 장짜리 전단 신문이다. 이 방식은 이미 꽤 널리 사용되고 있고, 아직도 강화할 수 있는 여지가 남아있다. 이 방식은 또한 저렴하게 출판해서 제한된 대중에서 퍼뜨릴 수 있다. 일부 라디오 방송국도 다른 방식에 비해 새롭고 진보적인 개념들을 훨씬 효과적으로 전달할 수 있음이 입증됐다. 전체적으로 보면 새로운 기술적 요소들이 새로운 아이디어의 전파에 우호적으로 작동하고 있다. 저렴한 인쇄 기술이 다양하게 발전해 나오고 있고, 큰돈을 들이지 않아도 지역 라디오 방송국을 조직할 수 있게 됐다.

요약하면, 기술사회를 인간화하는 데 필요한 혁명적 변화, 즉 기술사회를 물리적 파괴, 비인간화, 광기로부터 구원하는 데 필요한 변화는 반드시 경제, 사회, 정치, 문화 등 삶의 모든 영역에서 일어나야 한다. 이런 영역 모두에서 동시에 변화가 진행되어야 한다. 시스템의 어느 한 부분에서만 변화가 일어나면 시스템 자체의 변화로 이어지지 못하고 그 병적 증상을 다른 형태로 재현할 뿐이기 때문이다. 이런 변화는 다음과 같은 것들이 있다.

(1) 최대 생산과 기술적 효율성의 원칙에 최대로 복무할 수 있는 인간을 만들어내는 현재의 소외 시스템 대신 인간이 잠재력을 펼치며 성장할 수 있는 수단으로 경제활동이 자리 잡을 수 있게 만들어주는 생산과 소비 패턴의 변화다.

(2) 수동적, 관료주의적으로 조작당하는 대상이었던 인간, 시민, 사회 과정 참여자가 능동적이고, 책임감 있고, 비판적인 인간으로 전환되는 것이다. 사실상 기업에서 일하는 사람과 그 기업의 제품과 서비스를 이용하는 사람들을 모두 의사결정 과정에 참여시킴으로써 정치 관료들을 시민들의 효과적 통제 아래 두어 관료주의적 과정에 새로운 활력을 제공하는 것을 의미한다.

(3) 기술사회의 특징인 소외와 수동성의 정신을 전환해보려 시도하는 문화적 혁명이다. 이런 전환의 목표는 삶의 목표를 소유나 사용이 아

니라 존재에 두는 새로운 인간, 사랑과 이성이라는 힘을 최대로 발전시키는 것을 목표로 삼는 인간, 현재처럼 생각과 정서가 분리되어 만성적인 집단 정신병을 일으키는 것이 아니라 생각과 정서 사이에서 새로운 통합을 달성하는 인간, 모든 것을 만족시켜주는 어머니 같은 이미지에 유아처럼 집착하는 것(기술이 산업사회의 어머니가 되어가고 있다)과 아버지 같은 존재의 권위에 굴복하는 것 사이의 대안을 극복하고 연민과 정의, 자유와 구조, 지능과 정서가 잘 섞인 새로운 종합을 이끌어내는 새로운 인간이다.

이런 문화혁명은 어떤 종교적, 철학적 개념을 갖고 있느냐에 상관없이 사물이 아니라 생명을 그 무엇보다 중요한 가치로 삼는 사람들을 통해, 중요한 것은 아이디어와 개념이 아니라 그런 개념들이 뿌리를 내리고 있는 실질적인 인간의 경험이라는 믿음을 공유하는 사람들을 통해 개시, 발전되어야 한다. '새로운 인간'에 대해 심각하게 얘기해봐도, 진정 근본적이지 않으면, 즉 인간과 그의 경험에 대한 관심 없이 추상적인 수사로만 머문다면 아무런 가치가 없다. 진정한 연대는 심오하고 진정한 인간적 경험을 공유함으로써 존재하는 것이지, 공동의 이데올로기와 광신을 공유해서 존재하는 것이 아니다. 이런 이데올로기와 광신의 뿌리에는 자기도취가 있기 때문에 거기서 생기는 연대 의식은 함께 술에 취했을 때 생기는 연대 의식보다 나을 것이 없다. 아이디어는 구체적으로 살이 붙어야만 강력해진다. 개인과 집단의 행동으로 이어지지 않는 아이디어는 기껏해야 문장 한 구절, 아니면 책 귀퉁이의 주석으로만 남게 된다. 그것도 그 아이디어가 독창적이고 중요한 것이라는 전제 아래서 말이다. 실천이 없는 아이디어는 메마른 장소에 보관된 씨앗과 같다. 그 아이디어가 영향을 미치려면 흙에 심어야 한다. 그리고 그 흙은 사람 그리고 사람의 집단이다.

문화혁명은 반드시 서로 다른 여러 이데올로기와 사회집단을 관통하는 급진적 인본주의에 바탕을 두어야 한다. 새로운 인간이 되기 위한 노력을 공유하며, 자신을 알기 원하고, 자신과 타인으로부터 더는 숨지 않으려 하며, 자신이 문화혁명의 목표로 구상하고 있는 인간의 핵심을 바로 여기서 실현하기를 원하는 구성원들로 이루어진 소규모 대면 집단을 바탕으로 삼는 것이 필수적이다. 이들은 분권화된 탈관료주의적 기능을 하게 될 것이다. 이 집단의 구성원이 되기 위해서는 소비자적 태도를 반대하고 능동적으로 나설 준비가 되어 있어야 하며, 급진적 인본주의를 이해하고, 그 목적을 긍정하고, 광신과 파괴는 극복해야 할 인간의 약점이지, 다양한 합리화의 가면 아래 고양 시켜야 할 인간의 특징이 아니라는 믿음을 갖고 있어야 한다. 10명에서 20명 정도의 그런 소규모 집단은 기존의 정치적, 종교적, 사회적 집단 안에서 만들 수도 있고, 일반적인 사회적 틀에 소속되어 있지 않은 개인들을 통해 형성될 수도 있다.

이런 집단들은 모든 참가자에게 진정한 집이 되어주어야 한다. 그래야 그 구성원이 지식과 대 인간 공유라는 측면에서 자양분을 찾을 수 있고, 그와 동시에 자신도 그런 자양분을 나누어줄 기회를 얻게 된다. 이들의 목표는 소외된 인간에서 능동적인 참여자로의 개인적 전환을 위해 나아가는 것이다. 자연스럽게 이 집단은 소외된 사회가 제공하는 삶의 수행 방식에 대해 비판적일 테지만 살아 있음의 대체물로 끝없는 분노에서 위안을 찾으려 하기보다는 개인적으로 소외에서 벗어나기 위한 최적의 방법을 찾으려 노력할 것이다.

집단은 비감상적이고unsentimental, 현실적이고, 정직하고, 용기 있고, 능동적인 새로운 삶의 스타일을 발전시킬 것이다. 냉소주의에 가까운 현실적 비감상성realistic unsentimentality을 깊은 신념, 희망과 통합할 필요가 있다. 보통 이 둘은 단절되어 있다. 신념과 희망이 있는 사람은 보통 비현실적이고, 현실주의자들은 신념이나 희망이 거의 없다. 우리는 인류 역사상 가장 위대한 스승들이 그랬듯이 현실주의와 신념이 다시 합쳐졌을 때라야 비로소 현재의 상황에서 빠져나갈 방법을 찾을 수 있을 것이다.

집단의 구성원들은 뜻을 흐리는 언어가 아니라 뜻을 표현하는 새로운 언어로 말하게 될 것이다. 이 언어는 자기 활동의 주체로 서는 인간의 언어이지, '소유'나 '사용'의 범주에서 관리하는 사물들의 소외된 주인이 사용하는 언어가 아니다. 이들은 다른 유형의 소비를 하게 될 것이다. 그것이 꼭 최소의 소비일 필요는 없다. 생산의 필요가 아니라 생명의 필요에 복무하는 의미 있는 소비면 된다. 취약해지고, 능동적인 그들은 사색, 명상 그리고 고요 속에 욕망과 탐욕에서 자유로워지는 예술을 실천에 옮기게 될 것이다. 그리고 자기 주변의 세상을 이해하기 위해 자신에게 동기를 부여하는 내면의 힘을 이해하려 할 것이다. 그들은 자신의 '에고'를 초월해서 세상을 향해 열리기 위해 노력할 것이다. 그들은 자기 생각과 감정에 의존하려 할 것이며, 스스로 결정하려 할 것이며, 자신에게 찾아온 기회를 잡으려 할 것이다. 그들은 최적의 자유, 즉 진정한 독립을 달성하기 위해 노력할 것이다. 그리고 종류를 막론하고 어떤 우상도 숭배하거나 거기에 집착하지 않을 것이다. 그들은 자신의 출신, 가문, 지연 등 과거의 속박을 극복하고 그 빈 자리를 사랑과 비판적 관심으로 대체하려 할 것이다. 그리고 자기 스스로 깊이 뿌리를 내려 확신과 세상과의 완전한 교감이 생겼을 때만 가능한 두려움 없는 상태로 나아가게 될 것이다.

이 집단이 열심히 일할 자체적인 프로젝트를 갖게 될 것은 굳이 말할 것도 없다. 이들은 자체적인 문화생활을 이끌어갈 것이다. 그리고 기존의 교육은 전달해 주지 못한 지식을 스스로 배워나갈 것이다. 구성원들 간의 관계는 무장이나 치장 없이 자신을 사람들에게 있는 그대로 드러내는 심오한 만남으로 이루어져 호기심이나 무례한 침해 없이 서로를 '보고' '느끼고' '읽게' 될 것이다.

이런 목표에 도달할 다양한 방법에 관해서는 이야기하지 않겠다. 이 문제를 진지하게 여기는 사람들은 스스로 찾아낼 수 있을 것이다. 그렇지 않은 사람에게는 내가 더는 무슨 말을 해봐도 그것은 착시와 오해로

이어질 단어의 나열에 불과하다.

새로운 형태의 삶을 소망하고, 그런 집단을 결성할 수 있을 정도로 강하고 진지한 사람이 충분히 많이 있을지는 나도 알 수 없다. 하지만 한 가지 내가 확신하는 것이 있다. 그런 집단이 실제로 존재한다면 동료 시민들에게 상당한 영향을 행사하게 되리라는 것이다. 그들은 광신에 빠지지 않고도 깊은 확신이 있는 사람, 감상적으로 빠지지 않으면서도 사랑할 줄 아는 사람, 비현실적으로 빠지지 않으면서도 상상력이 넘치는 사람, 삶의 가치를 떨어뜨리지 않으면서도 두려움이 없는 사람, 굴복하지 않으면서도 절제력 있게 행동하는 사람의 강인함과 기쁨을 사람들 앞에 몸소 입증해 보일 테니까 말이다.

역사적으로 보면 중요한 운동은 소집단에서 생명을 시작했다. 초기 기독교도를 생각해도 좋고, 프리메이슨 단원을 생각해도 좋다. 나는 아이디어를 타협 없이 순수한 형태로 표상하는 집단이 역사의 온상이었다는 사실을 지적하려는 것이다. 그들은 대다수의 군중 사이에서 이루어지는 진보의 속도와 상관없이 아이디어를 살아 있게 유지한다. 아이디어를 소규모 집단에서라도 더는 구체적으로 체화하지 않는다면 그 아이디어는 정말로 죽을 위험에 처한 것이다.

이 집단들은 자율적으로 활동하면서도 느슨하게나마 공통 조직과 연결되어 있다. 이 공통 조직은 집단 간의 소통을 원활히 해주고 집단이 필요로 할 때 그들의 일을 도와줄 수 있다. 이상적으로 보면 집단은 나이, 교육 수준, 사회계층, 물론 인종까지도 다양한 사람으로 구성된 것이 좋다.

어떤 특정 개념을 받아들여야만 집단에 참여할 수 있게 해서는 안 된다. 중요한 것은 삶의 실천, 전체적인 태도, 목표이지 특정 개념이 아니다. 그렇다고 집단이 개념적으로 불분명하고, 개념에 대해 논의하거나 토론해서도 안 된다는 의미는 아니다. 다만 구성원들을 하나로 묶어주는 힘은 구성원들이 동의하는 개념적 슬로건이 아니라 모든 구성원의 태도와 행위에서 나와야 한다는 의미다. 물론 집단은 일반적인 목표를 갖고 있어야 한다. 이는 운동의 일반적 목표로서 이전부터 표현되었던 것이다. 하지만 집단이 그 목표를 실천하는 방식에서는 상당한 차이가 있을 수 있다. 한 집단은 시민 불복종을 선호하는데 다른 집단은 그렇지 않은 경우도 상상해볼 수 있다. 각각의 개인은 자신의 태도와 제일 어울리는 태도를 가진 특정 집단에 합류할 기회를 가지면서도 시민 불복종과 그 반대의 방식의 차이만큼 상당한 다양성을 허용하는 더 큰 운동의 일부가 될 수 있다.

운동에 대한 이런 전체적인 개요는 어떻게 운동을 시작할 것인가에 관한 대단히 잠정적인 제안이어야 한다. 그럼 이런 제안에 관해 토론하는 과정에서 더 좋은 제안이 등장할 것이다. 사실 목적을 가지고 자발적으로 모인 공동체 집단이 이미 많이 존재한다. 그들의 경험으로부터 많은 것을 배울 수 있다. 학생 공동체에서 농부 조직체까지 온갖 계층의 인구집단에서 이루어지는 집단 활동을 개인이 주도하는 성향이 점점 강해지고 있다. 의도적으로 결성된 농업 공동체들이 있는데 그중 다수는 경제적, 인간적 계획에 따라 성공적으로 기능하고 있고, 도시에서도 여러 형태의 공동체가 존재한다. 목적을 가진 집단을 자발적으로 결성하는 것은 사실 미국의 전통에 깊이 뿌리를 내리고 있다. 이런 운동을 구축할 때 도움이 될 만한 사례와 데이터는 얼마든지 찾을 수 있다.

집단과는 별도로 급진적 인본주의 클럽의 결성을 운동의 일부로 생각해볼 수도 있다. 클럽의 회원은 100명에서 500명 정도로 소집단에 비해 규모가 훨씬 크고, 그에 따라 소집단과 달리 개별 참가자에게 큰 노력을 기대하지는 않는다. 하지만 클럽은 고립되고 정처 없다고 느껴지는 사람들뿐만 아니라, 사회와 자신의 삶을 급진적 인본주의 방향으로 전환하는 것이야말로 '상식'의 가면을 쓴 '몰상식'에 세상이 지배되는 것을 끝낼 유일한 방법이라 생각하는 사람에게도 집이 되어줄 것이다. 이런 클럽들은 특정 정파와 자신을 동일시하지는 않지만 공통의 사회적, 정치적 프로젝트를 수행하게 될 것이다. 그리고 우리의 교육체제 때문에 영양부족에 시달리는 사람들에게 배움과 자극의 공간이 되어주고, 삶의 기쁨을 맛보는 문화의 중심지가 될 것이다. 그리고 클럽이 자신만의 상징과 의식을 발전시킬 수도 있다. 각각의 클럽은 완전히 자율적이기 때문에 관심사와 활동 내용도 각각 다를 수밖에 없다. 하지만 클럽들 모두 기존의 정치적, 사회적 집단과는 다른 공동의 목표와 분위기를 공유할 것이다. 이들이 대중운동으로서의 급진적 인본주의의 토대가 될 수도 있다.

중요한 문제로 다시 돌아가보자. 사회주의를 도입해서 생산수단의 사유화를 끝내지 않고도 여기서 구상한 변화들, 특히 생산, 소비, 참여에서의 변화가 일어날 수 있을까? 그리고 인간화의 최소 요구 조건인 이 변화 자체를 민간 기업에서 막아서지 않을까?

세 가지 생각이 당장 떠오른다. 첫 번째는 생산수단을 사회주의처럼 공유화한다고 해서 필연적으로 기술사회의 인간화를 낳지는 않는다는 것이다. 그 분명한 사례가 소련이다. 소련이 구축한 사회가 자본주의 사회보다 소외와 관료주의가 덜하거나 덜 생산 중심적이지는 않았다. 하지만 이러한 사실에도 이것은 공유화가 무조건 인본주의적 사회로 이어지지는 않음을 입증한 것에 불과하다. 사회주의를 도입하지 않고는 이 목표를 달성할 수 없음을 입증한 것은 아니다. 바꿔 말하면 인간화 달성에서 생산수단의 공유화가 필요조건일 수는 있겠으나 충분조건은 아니라는 의미다. 두 번째 생각은 미국처럼 고도로 중앙집중화된 산업에서는 경영진이 회사를 소유하지 않고, 소유주는 경영에 거의 영향력이 없는 수십만 명의 주주들이다. 따라서 19세기의 소유자 겸 경영자처럼 최대 이윤을 탐낼 진짜 소유주가 없다. 이 이론에 따르면 좋은 뜻을 가진 경영자가 개혁이 필요하다는 확신만 느낀다면 필요한 개혁을 수행하기가 쉬울 것 같다. 하지만 사실 이런 생각은 잘못된 전제를 바탕으로 하고 있다. 일반적인 주주들이 자기 회사의 경영에서 발언권이 거의 없는 것은 사실이지만 불과 5퍼센트의 주식만 갖고 있는 소유주가 회사를 통제하는 경우가 많기 때문이다. 회사의 주식을 5퍼센트 이상 소유할 때가 많은 대형 펀드(연기금, 보험회사 등)는 실제로 경영진에게 자신의 의지를 행사할 수 있다.

생산수단의 공유화는 사회주의 혁명으로만 가능한데 그런 혁명이 성공할 가능성이 없다면 기술의 인간화도 분명 성공 가능성이 없다. 싸워서 승리하는 혁명 없이는 생산수단의 공유화가 불가능한 이유가 궁금해진다. 대체로 심리적인 이유 때문으로 보인다. 현대인들에게 사유재산은 자유나 개인의 정체성과 동일한 것으로 취급받는 신성한 개념으로 자리잡았다. 인간에게서 사유재산을 박탈한다는 것은 한 개인으로서의 그 사람을 파괴한다는 의미다. 이렇게 된 이유는 '존재'가 아니라 '소유'가 필수인 시스템에서 인간은 자신이 소유하고 통제하는 재산을 통해 자신을 자신으로 경험하기 때문이다. 인간은 자신이 에너지와 돈을 투자해서 획득했고, 또 그로부터 최대의 '이윤'을 끌어내야 하는 재산의 일부다. 이것이 바로 '성공'의 의미다. 생산수단을 소유하고 있는 사람이 극소수이고, 자동차, 가구 등 소비 제품 형태의 사유재산은 생산수단을 공유화한다고 해도 위험할 일이 없다는 사실에 비추어보면 사유재산을 이렇게 신성시하는 것은 역설적이고 터무니없는 일이다. 하지만 제도 자체가 종교적 상징으로 자리 잡은 다른 많은 경우를 보면 이런 불합리성이 더하면 더했지, 덜하지는 않다. 그 결과 대다수의 사람은 생산수단에 자기 몫이 없음에도 생산수단의 공유화에 대해 격렬하게 반대한다. 그래서 보상을 하면서 합법적으로 징발한다고 해도 격렬한 저항에 부딪히게 된다. 그래서 혁명이 일어나지 않는 한 공유화는 달성 불가능하다.

더군다나 온전히 재산권의 문제에만 집중하는 것은 낡은 방식이며, 지금보다는 19세기에나 더 어울릴 방식이다. 이런 격렬한 저항을 유발하지 않으면서 기술의 인간화로 이어질 급진적 변화를 가져올 다른 방법이 있다. 그것을 다음의 가능성으로 간략하게 요약하고 싶다.

(1) 보통주common stock는 의결권을 갖지 못하게 금지하고 보통주의 소유주는 예전처럼 거기서 발생하는 수익을 계속 받게 하는 법안. 의결권은 노조, 소비자, 지역 대표(도시나 국가) 등 모든 참가자에게 주어진다. 이 각각의 집단이 어떤 비율로 의결권을 가질지는 따로 결정해야 한다.

(2) 기업의 구성원들이 소규모 대면 집단으로 의사결정에 기여하는 형태를 규제하는 법안.

(3) 다음과 같은 방식으로 생산을 규제하는 법안.

a) 해로운 음식과 약물의 생산뿐만 아니라 인간에게 심리적으로, 영적으로 해로운 재화의 생산도 금지한다.

b) 인간에게 가장 유용한 방향으로, 인간을 더 수동적으로 만드는 경향이 있는 재화로부터는 멀어지는 방향으로 생산을 유도한다. 이것은 규제 법안이나 세금, 인간적으로 유용한 제품을 만드는 기업에 부여하는 신용 가산점 등의 방식으로 가

능하다. 민간의 사용보다 공공의 사용을 위한 생산을 자극하는 것이 중요한 목표가 될 것이다. (예를 들면 개인용 자동차보다는 훌륭한 공공 운송 시스템 제공, 공공 자금으로 공공 주택 및 공원 건설 등)

c) 물질 생산, 분권화된 비관료주의적 형태의 문화 발전 기회 증진이라는 양쪽 부분에서 공공의 이해관계에 부합하지만 민간 자본이 투입되지 않는 경제활동에 국가가 자금을 지원한다.

이런 법안은 미국의 헌법을 바꾸지 않고도 위에서 설명한 급진적인 변화들을 가능하게 해줄 것이다. 여기서 문제는 이런 것이 생산수단의 공유화를 쉽게 달성할 수 있을 것이냐는 문제다. 폭력적인 혁명으로 승리를 거두는 방법이 아니어도 이런 법을 채용하는 것이 가능할까?

그것이 가능할지, 불가능할지 예측할 수는 없다. 하지만 나는 실제로 가능하다고 믿는다. 여기서 우리가 다루고 있는 내용들은 '사유재산' 같은 신성한 범주가 아니라서 누구라도 이성적으로 검토해볼 수 있는 제안이기 때문이다. 그럼에도 그 결과에 대해서 낙관할 수는 없다고 생각한다. 권력자들은 자신의 모든 수단을 동원해서 그런 변화에 저항할 것이다. 그들은 이런 변화가 자유를 위협하는 공산주의라며 사람들을 설득할 것이다. 그들과의 싸움은 가공할 싸움이 될 수밖에 없다. 하지만 물리적, 영적 삶을 위협하는 것에 대한 반응이 워낙 강력해서 점점 더 많은 사람이 급진적 인본주의의 대열에 합류하게 된다면 적어도 기회는 생길 것이다. 오늘날의 위협은 그저 특정 집단, 특정 계층의 이해관계에 대한 것이 아니라 모든 사람의 삶과 정신건강에 대한 위협이기 때문에 급진적 인본주의의 개념들이 많은 사람에게 영향을 미쳐 그들도 근본적 변화에 동참하게 되리라는 작은 희망을 가져볼 수 있을 것이다.

우리는 현대인의 위기 한가운데 서 있다. 남은 시간이 많지 않다. 지금 당장 시작하지 않는다면 너무 늦을지도 모른다. 하지만 희망은 있다. 인간이 자신을 되찾고, 기술사회를 인간적인 사회로 만들 실질적인 가능성이 있기 때문이다. "그 과제의 완수는 우리에게 달려 있지 않지만, 우리에게는 그것을 회피할 권리가 없다."[+]

+ 《유대 법령집*Mischna*》에 수록된 〈사제들의 가르침Pirke Aboth〉 중에서

해설

이성태
(서울사이버대학교 컴퓨터공학과 교수)

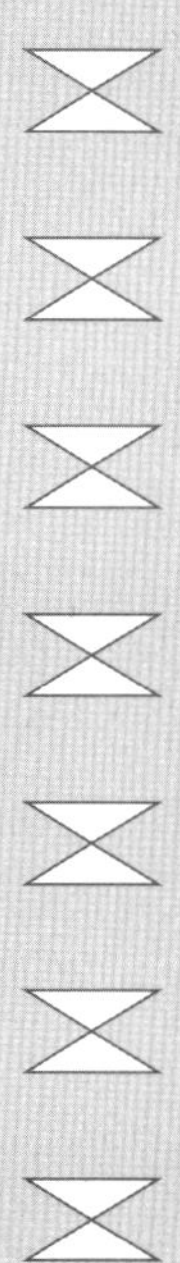

들어가며

에리히 프롬Erich Fromm은 독일 프랑크푸르트 출신의 정신분석학자, 사회심리학자, 사회철학자다. 마르크스와 프로이트를 비판적으로 계승하며 인간의 본성과 실존적 욕망을 인간관계, 사회구조와 사회과정을 중심으로 고찰하고 연구했다.

프롬은 이 책의 부제를 '인간적인 기술을 위하여Toward a Humanized Technology'라고 붙였다. 기술의 발전은 인간의 자유와 행복한 삶에 기여해야 한다는 전제가 담겨 있다. 또한 기술 발전을 더는 자연히 진행되는 것으로 여기지 말고 인간의 의식적인 선택과 책임, 가치관과 규범을 바탕으로 기술 발전의 방향을 지시해야 한다는 자신의 주장을 함축한 것으로 볼 수 있다. 기술 개발의 결정과 책임을 기술 개발 주체나 사회시스템에 떠넘기는 것이 아니라 그 결정권이 인간에게 있어야 한다고 주장한다. 기술 발전의 결과가 우리 삶과 사회 전반에 미치는 영향을 고려해야 하기 때문이다. 인간의 가치관과 규범을 강화하고, 인간의 지혜와 도덕적 판단을 바탕으로 기술 개발의 방향을 결정해야만 기술 발전이 인간의 자아실현과 삶의 질을 높이는 데 기여할 수 있다.

다시 교차로에 선 인류

교차로는 인간의 생산수단과 생활양식이 근본적으로 변화하는 시기를 가리킨다. 인류는 농업 기술의 혁신으로 인간은 더 많은 식량을 생산할 수 있게 되었고 이는 도시화와 인구 증가를 이끌었다. 이후 산업혁명을 거치며 인간은 물리적인 노동에서 해방되었고 새로운 생산수단과 생활양식이 등장했다.

이제 인류는 다시 한번 교차로에 서 있다. 기술(기계화)사회의 교차로에서 우리는 시스템에 대한 통제권을 잃어가는 듯한 징후를 감지하고 있다. 생산수단의 변화로 새로운 노동 방식이 등장했고 이는 일자리와 자본의 분배에서 불평등의 문제를 낳았다. 인간의 역량과 능력을 대체할 수 있는 기술의 등장으로 기계화와 자동화가 빠른 속도로 진행되었고 이러한 기술 사회로의 급격한 변화가 과거 인간 중심의 가치관과 충돌하는 문제도 발생하고 있다. 이후 정보기술혁명과 인공지능 기술의 발전으로 인간의 생활 방식은 더 급진적이고 혁신적인 변화를 맞았다. 이러한 급격한 변화에 대처하고 희망적인 미래로 나아가기 위해서 우리는 인간 중심적인 가치관을 지키면서 기술과 인간이 공존할 방법을 모색해야 한다.

희망은 무엇인가

희망은 단순히 무언가를 바라고 소망하는 것이 아니라 태도와 심리적 상태를 가리킨다. 이는 외부적인 물질적 욕구와는 별개로 봐야 한다. 때를 기다리는 희망은 어떤 상황이나 조건이 충족될 때까지 기다리는 희망을 의미하며 외부적인 요소에 의존하여 미래에 좋은 변화가 일어날 것을 기대하는 상태를 말한다. 그러나 때를 기다리는 희망은 외부 요소에 의존하기 때문에, 그 사람이 실질적인 행동을 취하지 않고 단순히 상황이 자동으로 개선되기를 기다린다면 실현되기 어려울 수 있다. 또한 이러한 수동적 기다림은 절망과 무기력을 동반하기도 한다. 그러므로 기다리는 동안 가능한 조처를 하고 노력해야 한다. 희망이 실현될 때까지 행동을 미루지 않고, 자신의 상황을 개선하기 위해 노력하는 것이 희망을 실현하는 데 도움을 줄 수 있다.

에리히 프롬은 '산산이 부서진 희망'을 특정한 정치적, 사회적, 인간적 문제에서 희망이 현실적인 한계에 부딪혀 무력화해버리는 상황이라고 정의한다. 이러한 상황은 인간에게 심리적 고통을 유발한다. 프롬은 희망이 산산이 부서진 상태를 극복하기 위해서 우리의 희망을 현실적이고 타당한 기준으로 재평가하고, 더 현실적인 목표를 설정해야 한다고 주장한다. 이를 통해 현실 문제에 대한 더 나은 이해와 대처 능력을 얻게 되며, 새로운 희망을 찾을 수 있다는 것이다. 이때 다시 희망을 품는 것을 통해 우리의 사회적, 정치적, 경제적, 문화적 삶을 바꿀 수 있는 실질적인 가능성을 조사해야 한다. 연구 및 분석, 현장 조사, 전문가와의 상담, 사회적 대화와 협력은 실질적인 가능성을 파악하고 새로운 방향으로 변화해나갈 희망을 품을 수 있는 기반이 된다.

우리는 지금 어디에 있고, 어디를 향하고 있는가?

프롬은 '우리는 지금 어디에 있나?'라는 질문을 던지며 현대 사회가 처한 상황을 진단한다. 현대 사회는 매우 복잡하고 다양한 문제를 안고 있다. 과학과 기술의 발전, 경제의 급속한 성장, 다양한 문화와 가치관의 출현과 충돌이 인간의 삶과 사회를 변화시키고 있으며, 이러한 변화에 따르는 상황에 대한 대처 능력과 지혜가 필요하다고 강조한다. 현대 사회는 자유와 책임, 창의성과 혁신 등을 강조하면서도 동시에 개인주의와 사회적 분열 등의 문제를 안고 있으며 프롬은 우리가 문제의식을 느끼고 답을 찾는 노력을 기울여야 한다고 역설한다.

지금 우리는 3차 산업혁명 시대를 넘어 4차 산업혁명 시대에 살고 있다. 4차 산업혁명과 인공지능 시대에는 기술의 발전과 디지털화가 중심이 되는 변화로 인간과의 관계에 영향을 미치며, 인간의 지위에도 변화를 가져오게 된다. 기술을 개발하는 능력뿐 아니라 기술을 이해하고 활용하는 역량이 필요한 일자리가 등장하고 인간은 업무의 자동화와 함께 새로운 직업 영역에서 창의적인 역할을 맡게 되었다. 기술과의 협력으로 인간과 기술은 상호보완적인 관계를 형성해야 한다. 인간은 기술을 효과적으로 활용하고 조작하며, 기술은 인간의 업무를 보조하고 효율성을 향상할 수 있다.

기술을 인간화한다는 것의 의미는?

인간이 된다는 것은 인간다움을 실천하고, 타인을 존중하고 배려하며, 도덕적으로 선택하고 그 선택에 책임을 지는 것이다. 다시 말해 인간이 된다는 것은 자기 자신을 이해하고 받아들이는 것과 함께 타인을 이해하고 존중하는 것이다. 인간성은 다양한 요소로 이루어진 복합적인 개념이다. 도덕적 가치, 동정심, 창의성, 인간관계 구축 능력, 자기성찰, 열정, 관용 등이 포함될 수 있으며 모든 사람은 이러한 인간성의 다양한 요소를 갖고 있지만, 각 개인의 경험과 환경에 따라 이러한 특성들이 다르게 발현될 수 있다. 이때 각 개인은 자신의 고유한 경험과 환경에 따라 모든 인간성의 측면을 포함할 수 있으나 이는 어떠한 행동이나 선택을 정당화하거나 용인하는 것은 아니라는 점을 명심해야 한다. 에리히 프롬은 인간의 본성을 이해하고 이를 긍정적인 방향으로 유도하려면 개인적 요인과 사회적 요인을 모두 고려하여 균형 있는 방향으로 발전시켜야 한다고 주장한다. 이를 통해 인간은 자신과 타인의 본성을 이해하고, 서로의 다양한 본성을 존중하며 공존하는 사회를 구축할 수 있다.

기술사회의 인간화 단계

프롬은 5장에서 기술사회를 인간적으로 이끌기 위한 발전 단계를 설명한다. 인간이 기술적으로 대상을 조작하는 방법을 익히는 단계에서는 인간의 신체적 능력과 물질적 자원이 중요한 역할을 한다. 인간이 자신이 속한 환경을 이해하는 데 필요한 개념적인 기술을 익히는 단계에서는 인간의 고유한 지적 능력이 중요하다. 또한 인간이 다른 사람들과 관계에서 상호 작용하는 데 필요한 기술을 익히는 단계에서는 대인관계 능력이 필요하다. 끝으로 인간이 기술을 개발하고 관리하는 데 필요한 능력을 익히는 단계에서는 인간의 논리적인 사고 능력과 창의성이 중요하게 작용한다. 이러한 단계를 거치며 기술사회의 발전이 이루어진다. 프롬은 이러한 진화가 기술사회의 발전만을 추구하는 것이 아니라, 인간의 역량을 성장시키는 동시에 인간의 삶과 본질적인 가치를 보호하고 인간성을 존중하는 방향으로 나아가야 한다고 강조한다.

우리가 할 수 있을까?

인간적인 기술사회를 이룩하기 위해서는 광범위한 변화가 필요하다. 기술의 발전은 우리 삶에 많은 혜택을 제공하지만 동시에 우리가 이제까지 경험하지 못한 도전적인 문제들을 야기하기 때문이다. 때로는 인간성을 훼손하거나 비인간적인 상황을 만들어낼 수도 있다. 따라서 기술사회를 인간화하기 위해서는 단일한 영역에서의 변화만으로는 부족하다. 경제, 사회, 정치, 문화 등 삶의 모든 영역에서 통합적인 변화가 이루어져야 하며 체계적이고 전체적인 접근이 필요하다. 경제적인 측면에서는 기술의 발전이 야기한 불평등과 경제적인 억압을 해소하기 위한 변화, 사회적인 측면에서는 인간의 존엄성을 존중하고 사회적인 정의와 평등을 추구하는 변화, 정치적인 측면에서는 권력과 의사결정에 대한 참여와 투명성을 증진하는 변화, 문화적인 측면에서는 창의성, 융통성, 공동체 의식을 존중하며 인간다운 가치를 강조하는 변화가 필요하다. 이러한 종합적인 변화를 통해 기술사회는 인간 중심의 사회로 진화할 수 있으며, 인간의 본질적인 가치와 목적을 존중하는 방향으로 나아갈 수 있는 것이다.

프롬은 우리가 인간의 삶과 본질적인 가치를 보호하면서 기술사회를 발전시켜나가야 한다고 주장한다. 물론 이는 쉽게 이루어지는 것이 아니다. 먼저 우리 자신을 이해하고 개인적인 성장을 이루어내는 것에서 출발해야 한다. 인간은 타인과의 관계에서 삶의 의미를 찾을 수 있으므로 우리는 다른 사람과의 관계에서 연결점을 찾고 상호 작용하며 서로를 이해하고 도와야 한다. 또한 사회 변화를 위해 적극적으로 참여하고 노력해야 한다. 자신이 속한 커뮤니티, 지역, 국가에서 발생하는 문제의 관심에 대해 논의하고 행동하며 변화를 추진하는 것을 의미한다. 우리는 기술사회의 발전을 단순히 추구하는 것이 아니라 인간성의 관점에서 끌어나가야 한다. 이는 우리가 가진 기술을 적극적으로 활용하되 기술의 발전 방향이 인간의 삶과 본질적인 가치를 존중하고 보호하는 쪽을 향해야 한다는 것을 의미한다.

그러나 우리가 직면한 과제의 완수는 단 한 사람이나 단일 집단의 노력으로 이루어질 수 없으며 우리는 개인적인 변화와 함께 사회적인 변화를 이뤄내야 한다. 이는 인간과 사회 모두에게 필요한 과제이며, 우리는 이를 회피할 권리가 없다. 그러므로 우리는 희망을 가지고 행동해야 한다. 개인과 사회의 변화를 위해 행동을 취할 수 있는지에 대한 고민과 선택을 해야 한다. 우리는 모두 기술사회를 보다 인간적이고 가치 있는 사회로 만들기 위해 참여하고 협력하는 노력을 계속해나가야 한다.

나오며

몇 해 전 황학동의 헌책방을 둘러보다가 우연히 《우리는 지금 어디에 있는가》(한동세 역, 삼성문화재단)라는 책을 발견했다. 1971년 12월 25일에 초판이 발행된 그 책은 에리히 프롬의 《희망의 혁명*The Revolution of Hope*》

을 번역한 책이었다. 3장의 제목을 책 제목으로 가져온 것인데 그 제목이 나의 마음을 단숨에 사로잡았다. 당시 내가 가졌던 물음에 대한 해답을 이 오래된 책에서 찾을 수 있지 않을까 하는 기대감 때문이 아니었나 싶다. '나는, 내가 속한 조직은, 우리 사회는, 국가는 지금 어디에 있는가?'라는 질문이었다. 워낙 오래전에 출간된 터라 한자가 많이 섞여 있고 세로쓰기로 쓰인 책이라 읽기도 수월하지 않았지만, 책을 차근차근 읽어나갔다.

머리말을 읽고 이 책이 지금 우리가 살고 있는 시대에 꼭 필요한 내용을 담고 있다는 생각이 번득 들었다. 여섯 개의 장으로 구성된 글을 읽어가면서 그 생각은 확신이 되었다. 작금의 현실에도 적용해봄 직한 에리히 프롬의 통찰을 지금의 언어로 다시 정리해보면 좋겠다는 바람으로 에리히 프롬의 대표 저작인《사랑의 기술》을 출간한 문예출판사에 번역 출간을 제안했다. 감사하게도 출판사가 출간 제안을 흔쾌히 수락했는데 저작권 계약이 수월하지 않아 1년여 만에 정식 계약을 맺고《희망의 혁명》의 출간이 확정되었다. 전문 번역가 김성훈 선생님이 정확하면서도 살아 있는 동시대 언어로 옮겨주신《희망의 혁명》원고를 먼저 전해 받아 읽고 숙원을 이룬 듯 기뻤다.

냉전 시대는 막을 내렸지만 우리는 20세기에 안고 있던 문제들의 해답을 찾지 못한 채 21세기를 맞이했고, 세계에는 신냉전 시대가 도래했다. 그렇기에 현재 인류가 직면한 전 지구적인 위기를 초래한 것은 기술의 발달이었을지 몰라도 그 해법의 실마리는 '인간'에서 찾아야 한다는 20세기 대표 지성 에리히 프롬의 주장은 여전히 유의미하다. 필자와 같이 잠시 멈추어 지금 우리가 어디에 있는지를 점검하고 우리가 희망하는 미래를 그려보고자 하는 이들에게 이 책을 적극 권하고 싶다.

옮긴이 김성훈

치과 의사의 길을 걷다가 번역의 길로 방향을 튼 엉뚱한 번역가. 중학생 시절부터 과학에 관한 궁금증이 생길 때마다 틈틈이 적어온 과학 노트가 지금까지도 보물 1호이며, 번역으로 과학의 매력을 더 많은 사람과 나누기를 꿈꾼다. 현재 바른번역 소속 번역가로 활동하고 있다.
《정리하는 뇌》, 《아인슈타인의 주사위와 슈뢰딩거의 고양이》, 《생명의 경계》, 《운명의 과학》, 《나를 나답게 만드는 것들》, 《무엇이 인간을 만드는가》, 《어떻게 물리학을 사랑하지 않을 수 있을까?》, 《그레인 브레인》 등을 우리말로 옮겼으며, 《늙어감의 기술》로 제36회 한국과학기술도서상 번역상을 수상했다.

희망의 혁명

인간적인 기술을 위하여

1판 1쇄 발행 2023년 8월 30일

지은이 에리히 프롬 | 옮긴이 김성훈
펴낸곳 (주)문예출판사 | 펴낸이 전준배
편집 이효미 백수미 박해민 | 디자인 최혜진
영업·마케팅 하지승 | 경영관리 강단아 김영순
출판등록 2004. 02. 12. 제 2013-000360호 (1966. 12. 2. 제 1-134호)
주 소 04001 서울시 마포구 월드컵북로 21
전 화 393-5681 | 팩 스 393-5685
홈페이지 www.moonye.com | 블로그 blog.naver.com/imoonye
페이스북 www.facebook.com/moonyepublishing | 이메일 infomoonye.com

ISBN 978-89-310-2324-4 03180